# L'ICONOGRAPHIE

## DE LA

# PLACE ROYALE

PAR

## LUCIEN LAMBEAU

—

Extrait de la *Correspondance Historique et Archéologique*

(Année 1906)

—

SAINT-DENIS

IMPRIMERIE H. BOUILLANT

20, RUE DE PARIS, 20

Succursale à Paris, 28, rue Serpente (Hôtel des Sociétés Savantes)

1907

# L'ICONOGRAPHIE

## DE LA

# PLACE ROYALE

# L'ICONOGRAPHIE

## DE LA

# PLACE ROYALE

PAR

## LUCIEN LAMBEAU

———

Extrait de la *Correspondance Historique et Archéologique*

(Année 1906)

———

## SAINT-DENIS

### IMPRIMERIE H. BOUILLANT

20, RUE DE PARIS, 20

Succursale à Paris, 28, rue Serpente (Hôtel des Sociétés Savantes)

—

1907

# L'ICONOGRAPHIE

## DE LA

# PLACE ROYALE

---

Si l'histoire des monuments et de la topographie des lieux qui les environnent, s'apprend et se fixe par la lecture des textes, combien son enseignement sera plus fécond encore si l'image vient l'appuyer de sa lumineuse leçon de choses !

Que vaut, en effet, la plus savante description, auprès d'une estampe montrant, mieux que la plume la plus exercée ne saurait le faire, les contours d'une chose que l'esprit seul aurait beaucoup de peine à reconstituer si l'œil ne venait à son aide en suivant curieusement les lignes que le dessinateur a tracées ?

Et ce fait est tellement évident, que l'on ne se figure pas l'existence d'un ouvrage sérieux de topographie ou d'histoire, sans une large iconographie venant jeter la compréhension sur les points traités, en précisant les obscurités ou les oublis du texte, fût-il le plus méritoire. De même, on concevra difficilement qu'une bibliothèque, surtout si elle est historique, puisse fonctionner sérieusement et rendre les services que l'on est en droit d'en attendre, si elle ne possède un *Département des Estampes* abondamment pourvu, complément indispensable du livre ou du manuscrit.

Au point de vue de la topographie parisienne, l'utilité de l'iconographie est incontestable en raison de sa profusion même, qui la rend indispensable à tout travail sérieux. Il suffit de s'en être occupé un peu méthodiquement pour témoigner que la connais-

1

sance certaine d'un coin ou d'un monument de notre ville ne fut vraiment définitive qu'après l'ultime consultation des images le représentant.

En ce qui concerne l'un des plus admirables décors du Vieux Paris, la *Place Royale*, nous avons essayé de dresser une nomenclature iconographique de toutes les figurations qui en ont été faites, à travers les temps, et dont plusieurs ont déjà été décrites et analysées dans un ouvrage spécial récemment paru (1). On trouvera dans cette nomenclature, chronolologiquement établie, quelques peintures à l'huile, fort rares, qui paraissent dater, suivant les attributions fixées, des commencements de la place. On y verra aussi que les maîtres dessinateurs et graveurs des XVII$^e$ et XVIII$^e$ siècles, y compris Claude de Chastillon qui y avait un logis, n'ont pas manqué d'apporter le tribut de leur talent à la reproduction par l'image de cette voie restée si curieuse et dont l'aspect actuel, par un prodige inexplicable, est demeuré à peu près conforme à celui qu'elle avait à l'époque de sa construction.

Si, depuis le début du XVII$^e$ siècle, date de la création de la *Place Royale* (2), jusqu'au milieu du XIX$^e$ siècle, notre iconographie comporte peu de lacunes, nous n'oserions affirmer qu'il en sera de même depuis cette dernière époque, en raison des procédés nombreux de reproduction à bon marché qui ont multiplié à l'infini, à travers d'innombrables publications, le moindre monument de la capitale.

Pour la réunir, nous avons exploré les riches collections de la Bibliothèque Nationale, du Musée Carnavalet, de l'Arsenal ; celle de M. Hartmann, l'amateur bien connu par son érudition et son extrême complaisance ; les cartons du peintre V. Dargaud, si impeccablement classés et déjà si riches en documents parisiens ; et aussi tous les ouvrages susceptibles de contenir des reproductions s'y rapportant.

Nous la présentons donc telle qu'elle est, sans illusion d'être complet, mais certain de l'utilité de cet ensemble pour ceux que peut intéresser l'histoire particulière de ce majestueux monument.

Lucien LAMBEAU.

---

(1) *La Place Royale*, par Lucien Lambeau. Paris, Daragon, 1906, in-8°.
(2) En vertu des lettres-patentes du mois de juillet 1605.

### N° 1

*Gravure* : 51 × 40. *Époque* : Commencement du xviiᵉ siècle.

Le carrousel de la place Royale. Vue du côté Ouest de la Place avec ses neuf pavillons, et des côtés Nord et Sud, avec les pavillons du Roi et de la Reine. La planche montre les faces postérieures des pavillons du côté Est avec leurs cours. Au-dessus de la rangée Ouest se voient, en perspective, une quantité de flèches et de monuments de pure fantaisie. Dans la place, en face du pavillon de la Reine, le *Palais de la Félicité* ; des tribunes pleines de monde, des cavaliers, des chars, des monstres, des gens de pied, des lices occupées par des combattants. La rue de l'Écharpe est à ciel ouvert ainsi que celle du Pas-de-la-Mule.

*Texte en tête* : Dessein des pompes et magnificences du Carrousel fait en la place Royalle, à Paris, le V, VI, VII, d'apvril 1612.

*En bas* : A Paris, chez Gabriel Tavernier, sur le pont marchant, à l'enseigne de la Huppe.

*Dans le coin gauche* : par C. Chastillon.

Nota : La planche est accompagnée d'une légende en français, sur deux colonnes, flanquant les deux côtés de la gravure et dont les articles correspondent, à l'aide de chiffres et de lettres, avec les objets et personnages du carrousel et avec les pavillons, également numérotés.

### N° 2

*Peinture* : 53 × 41. *Époque* : Commencement du xviiᵉ siècle.

Le Roman des chevaliers de la gloire. Vue du côté Ouest de Place Royalé avec ses neuf pavillons, et des côtés Nord et Sud, avec les pavillons du Roi et de la Reine. On voit aussi les faces postérieures des maisons du côté Est avec leurs cours. La rue de l'Écharpe est à ciel ouvert ainsi que celle du Pas-de-la Mule. Dans la place, en face du pavillon de la Reine, le *Palais de la Félicité ;* puis, des chars, des monstres, des lices, des cavaliers, des gens de pied. Des tribunes remplies de personnages sont placées devant les pavillons. Dans le lointain, perspective de monuments et d'églises qui n'existaient pas à cette époque.

Nota : Ce tableau appartient au Musée Carnavalet et provient de la collection Baur. Il est la reproduction exacte de la gravure de Claude de Chastillon, décrite plus haut, et qui a certainement servi de modèle au peintre.

Le cartouche est ainsi libellé : *Le Roman des chevaliers de la gloire, Carrousel fait à la place Royale en 1612 pour le mariage de Louis XIII. Collection Baur.*

### N° 3

*Peinture :* 2 m. 42 × 1 m. 49. *Époque :* Commencement du xvıı⁰ siècle.

La Place Royale pendant les fêtes du *Roman des chevaliers de la Gloire.* Vue du côté Ouest de la place et des côtés Nord et Sud avec les pavillons du Roi et de la Reine. Le *Palais de la Félicité,* les tribunes, les lices, cavaliers, chars et gens de pied. La partie architecturale de ce tableau est traitée avec la plus grande fantaisie et la perspective encombrée d'une quantité innombrable de monuments, clochers, flèches, dômes qui n'ont jamais existé que dans l'imagination du peintre.

NOTA : Ce tableau appartient au Musée Carnavalet et provient de la Collection Baur. Il est attribué à Claude de Chastillon, qui possédait un des pavillons de la Place Royale, côté Est.

Le cartouche est ainsi libellé : *Claude Chastillon? Le Roman des chevaliers de la gloire, tournoi de la Place Royale pour le mariage de Louis XIII. 1612. Collection Baur.*

### N° 4

*Gravure :* 49 × 39. *Époque :* Commencement du xvıı⁰ siècle

Le carrousel de la Place Royale. Vue du côté Ouest de la Place, avec ses neuf pavillons et, en perpective, les côtés Nord et Sud, avec les pavillons du Roi et de la Reine. Le côté Est ne présente que la face postérieure de ses pavillons avec leurs cours. La rue de l'Écharpe est à ciel ouvert ainsi que la rue du Pas-de-la-Mule. Dans le lointain, au-dessus de la rangée Ouest, se voient, en perspective, une quantité de monuments, de clochers, de flèches de pure fantaisie. Le *Palais de la Félicité* est placé à peu près devant le pavillon de la Reine ; le terre-plein est rempli de chars, de monstres, de lices, de cavaliers, de machines, de gens de pied. Des tribunes plus ou moins somptueuses et de diverses formes, garnies de nombreux personnages, sont placées devant les pavillons.

*Texte en tête :* Carosel fait à la Place Royalle à Paris, le V, VI, VII, Avril MDCXII, fol. 361.

NOTA : Cette planche est la reproduction de celle de Claude

de Chastillon ci-dessus, sauf quelques modifications à peine visibles du dessin. Le catalogue de la Collection Hennin, t. XIX (Bibliothèque Nationale-Estampes) en attribue la gravure à Mathieu Mérian.

Elle appartient à l'ouvrage le *Vray Théâtre d'honneur de la chevalerie ou le Miroir héroïque de la noblesse, par Marc Wilson de la Colombière.* 1648. Elle porte, dans le coin droit, en haut : fol. 361, qui est celui de ce livre. (T. I. p. 361).

Chaque personnage de la planche, chaque objet, chaque pavillon y est désigné par un numéro ou par une lettre se référant à un long texte, intitulé : « Le magnifique et admirable Carrosel qui fut fait à Paris dans la Place Royalle, le cinq, le six, le septiesme jour d'avril l'an mil six cens et douze, etc. »

La lettre M, placée dans la rue du Pas-de-la-Mule à ciel ouvert porte, en renvoi, le texte suivant : « Autre ruë pour sortir de la Place Royalle, du costé du Rampart de la porte S. Anthoine. » Ce qui prouve que le pavillon n'était pas encore édifié à cette époque.

### N° 5

*Gravure* : 29 × 24. *Époque* : Commencement du xvii° siècle.

Le Carrousel de la place Royale. Au fond, une rangée de neuf pavillons avec une perspective de deux ou trois autres sur les côtés. A ces pavillons sont appuyées des tribunes occupées par des personnages de la Cour. *Le Palais de la Félicité* apparaît dans un embrasement de feu d'artifice duquel sortent trois groupes de lettres de feu couronnées : un M et un A enlacés, un L seul, un Y et un S enlacés. Dans le terre-plein de la place, des lices, chars, monstres, cavaliers, gens de pied. Chaque personnage, chaque monstre, chaque pavillon est marqué d'un chiffre ou d'une lettre se référant à un texte explicatif.

*Coin droit* : J. Ziarnko Polonus fecit Parisiis 1612.

Nota : Cette planche appartient à la *Continuation du Mercure françois* pour l'année 1612. Édition de 1631. T. II, p. 334. Le texte auquel se réfèrent les chiffres et lettres dont il est question plus haut, est intitulé : *Inventaire de ce qui est contenu en la figure de la place Royale.*

A l'occasion de ces fêtes, une médaille fut frappée, dont la reproduction gravée se trouve dans la collection Hennin. T. XIX (Bibliothèque Nationale-Estampes). Diamètre de la gravure : 4 1/2. Texte : *Lætæ spectacula gentis* 1612. Cette petite eau-forte anonyme représente trois cavaliers, de face, en costume de tournoi.

### N° 6

*Gravure* : 53 1/2 ✕ 38. *Époque* : Commencement du xvii° siècle.

Le Carrousel donné à la place Royale. Au fond, une rangée de neuf pavillons ; sur les côtés, une perspective de deux ou trois. Tout le centre de la place est occupé par des machines, monstres, cavaliers et gens de pied. Le château de la Félicité apparaît au moment du feu d'artifice. Contre les pavillons, règnent des tribunes à hauteur du 1ᵉʳ étage et bondées de spec_tateurs.

*En bas* : I. Ziarnko Polon' fecit.

Nota : Cette planche est une interprétation de la précédente. Il y a quelques variantes en ce qui concerne les personnages et scènes des tournois, et aucune en ce qui concerne les pavillons.

### N° 7

*Gravure* : 37 ✕ 29. *Époque* : Commencement du xvii° siècle.

Le Carrousel de la place Royale. Au fond, un côté de la place avec des tribunes à hauteur du 1ᵉʳ étage et de nombreux specta-teurs. Sur les côtés, une perspective de deux ou trois pavillons. Au centre, le château de la Félicité dans un feu d'artifice ; autour, des chars, lices, monstres, cavaliers et gens de pied.

*Texte en bas* : Triumph Ausszug zu Paris wegen der doppel-ten gefroffenen denrath zwifchen spanien und franckrcich gehalter. 1612.

Nota : Cette gravure au burin est indiquée comme anonyme dans le catalogue de la collection Hennin, t. XIX (Bibliothèque Nationale-Estampes).

### N° 8

*Gravure* : 33 ✕ 23. *Époque* : Commencement du xvii° siècle.

Le Carrousel de la place Royale. Au fond, un côté de la place

avec des tribunes garnies de spectateurs, à hauteur du 1ᵉʳ étage.
Sur les côtés, une perspective de quelques pavillons. Au centre,
le Palais de la Félicité au milieu d'un feu d'artifice. Chars, lices,
monstres, cavaliers, gens de pied.

*Texte en tête* : Triumph Ausszug und Fenwareck zu Paris
wegen den doppelten Getroffenen Heipraths zwifchen spanien
und franckreich Schalten, etc.

*Coin gauche* : D. Meier. 1612.

Nota : Cette planche est une interprétation presque absolue
de la précédente.


### N° 9

*Plan-dessin* : 37 × 28. *Époque* : Commencement du
XVIIᵉ siècle.

Cette pièce représente le côté Ouest de la place avec les derrières et cours des maisons donnant sur la rue de l'Égout. On y
voit aussi quatre pavillons du côté Nord, deux pavillons du
côté Sud, la rue de l'Égout, l'Église gothique de Sainte-Catherine du Val-des-Écoliers et de petites maisons sur la rue
Saint-Antoine. Ce plan fut dessiné vraisemblablement par un
moine du monastère de Sainte-Catherine, vers 1615.

*Texte* : Partie de la place Royale sur laquelle le monastère
de la Culture Sainte-Catherine du Val-des-Écoliers possédait un
droit de cens. Reproduction grandeur nature, d'un plan des
Archives Nationales.

Nota : Ce plan est reproduit dans le procès-verbal de la Commission du Vieux Paris, du 18 décembre 1902, et dans la *Place
Royale*, par M. Lucien Lambeau, Paris, Daragon, 1906.


### N° 10

*Gravure* : 40 × 33. *Époque* : Commencement du XVIIᵉ siècle.
Dans un riche encadrement simulé et gravé comportant, en
tête, les armes de France et de Navarre, se voient des personnages se livrant à des exercices d'équitation. Les pavillons de la
place Royale servent de décor de fond, puis, une lice derrière
laquelle se tiennent, à cheval, tête nue, des seigneurs de la Cour.
Au premier plan, le jeune roi Louis XIII, aussi à cheval, exécute
les exercices que lui indique M. de Pluvinel. Les gentilhommes
sont les suivants : M., Frère du Roi, M. le Prince, M. de Metz,

M. le duc de Vendôme, M. le duc de Rohan, M. le chevalier de Vendôme ; M. le comte de Soissons ; M. le comte de Mores, M. le Grand.

*En bas* : Fig. 39.

Nota : Appartient à l'ouvrage intitulé *Maneige Royal* par Antoine Pluvinel, écuyer du Roy, à Paris, chez Guillaume Lenoir. 1623. In-f°.

### N° 11

*Gravure* : 40 × 33. *Époque* : Commencement du xviiᵉ siècle.
Le même décor de la place Royale. Les cavaliers sont : Le Roy, M. le Conestable, M. d'Épernon, M. de Guise, M. de Nevers, M. de Chevreuse, M. le duc d'Elbeuf, M. de Montmorency, M. de La Rochefoucauld, M. le duc de La Rocheguyon.

*En bas* : Fig. 40.

Nota : Deuxième planche du *Maneige Royal* de Pluvinel avec la vue de la Place.

### N° 12

*Gravure* : 40 × 33. *Époque* : Commencement du xviiᵉ siècle.
Le même décor de la place Royale. Les cavaliers sont : Le Roy, M. de Saint-Pol, M. le duc de Longueville, M. le duc de Montbazon, M. de Retz, M. le duc d'Angoulême, M. le Card. de Savoye, M. le duc de Nemours, M. le duc d'Uzès, M. le duc de La Trémouïlle, M. le duc de Sully, M. le duc de La Rocheguyon, M. le baron de Termes, M. de Zuffertes.
*En bas* : Fig. 41.

Nota : Troisième planche du *Maneige Royal* de Pluvinel avec la vue de la place.

### N° 13

*Gravure* : 40 × 33. *Époque* : Commencement du xviiᵉ siècle.
Le même décor de la place Royale. Les cavaliers sont : Le Roy, M. le maréchal de Chastres, M. le maréchal de Bois-Dauphin, M. le maréchal de Thémines, M. le maréchal de Pralin, M. le maréchal de Créquy, M. le maréchal de Bassompierre, M. le maréchal de Vitry, M. le maréchal de Chatillon.
*En bas* : Fig. 42.

Nota : Quatrième planche du *Maneige Royal* de Pluvinel avec la vue de la place.

### N° 14

*Gravure* : 40 × 33. *Époque* : Commencement du xvii<sup>e</sup> siècle.
Le même décor de la place Royale, mais avec les pavillons plus dégagés et plus visibles. Les cavaliers sont : Le Roy, M. le comte de Rochefort, M. le comte d'Alcancourt, M. le marquis de Courtanvaux, M. le marquis de La Vieuville, M. le maréchal d'Ornano.
*En bas* : Fig. 43.

Nota : Cinquième planche du *Maneige Royal* de Pluvinel, avec la vue de la place.

### N° 15

*Gravure* : 40 × 33. *Époque* : Commencement du xvii<sup>e</sup> siècle.
Le même décor de la Place Royale. Les cavaliers sont : Le Roy, M. le comte de Candole, M. de Blainville, M. le marquis de Bouron, M. le comte de Schomberg, M. le cardinal de la Valette, M. de la Valette.
*En bas* : Fig. 44.

Nota : Sixième planche du *Maneige Royal* de Pluvinel avec la vue de la Place.

### N° 16

*Gravure* : 40 × 33. *Époque* : Commencement du xvii<sup>e</sup> siècle.
Le même décor de la Place Royale. Les cavaliers sont : M. le chancelier, M. de Châteauneuf, M. le président, M. de la Villancler, premier secrétaire d'État. Au premier plan, un chevalier bardé de fer.
*En bas* : Fig. 45.

Nota : Septième planche du *Maneige Royal* de Pluvinel avec la vue de la Place.

### N° 17

*Gravure* : 40 × 33, *Époque* : Commencement du xvii<sup>e</sup> siècle.
Le même décor de la Place Royale. Les pavillons sont dégagés et se voient très distinctement au-dessus des lices. On remarque

aussi les tribunes et échafauds pour les spectateurs. Deux chevaliers en armes se précipitent l'un contre l'autre.

*En bas* : Fig. 46.

NOTA : Huitième planche du *Maneige Royal* de Pluvinel avec la vue de la Place.

### N° 18

*Gravure* : 40 × 33. *Époque* : Commencement du XVII<sup>e</sup> siècle.
Le même décor de la Place Royale. Les pavillons se distinguent complètement, depuis les arcades jusqu'aux toits. La disposition des lices est toujours la même. Au premier plan, le Roi rompt une lance contre un géant. Les cavaliers sont : M. le Président Jeannin, Milord of Donckaster, M. de Loménie, M. de Pluvinel.

*En bas* : Fig. 47.

NOTA : Neuvième planche du *Maneige Royal* de Pluvinel avec la vue de la Place.

### N° 19

*Gravure* : 40 × 33. *Époque* : Commencement du XVII<sup>e</sup> siècle.
Le décor est changé et ne montre plus les pavillons, mais seulement le terre-plein de la place entouré de tribunes drapées, et sur lequel des cavaliers exécutent des exercices d'équitation.

*Texte* : Le magnifique balet qui fut donné à la Place Royalle. L'an MDCXIII le 5 d'Avril par les sieurs Letour de Limantion et M. de Pluvinel.

NOTA : Dixième planche de *Maneige Royal* de Pluvinel avec la vue de la Place.

### N° 20

*Gravure* 21 × 14. *Époque* : milieu du XVII<sup>e</sup> siècle.
La vue représente les quatre côtés de la place : Le côté Ouest, de face ; le côté Est montre le derrière des pavillons. Les côtés Nord et Sud sont en perspective. La statue de Louis XIII regarde à gauche. Des balustrades en bois entourent le terre-plein de la place. Il n'y a pas trace de jardin ni de plantation. Le pavillon construit sur la rue du Pas-de-la-Mule existe avec ses trois arcades. La rue de l'Écharpe est à ciel ouvert. Le dessin, pourtant très clairement établi, ne permet pas de compter le nombre

des pavillons des côtés Nord et Sud. Le chiffre est **exact pour** les deux autres côtés : Neuf, côté Ouest, dix, côté Est, y compris celui élevé sur la rue du Pas-de-la-Mule. Dans le coin gauche, Sainte Catherine ; au fond, de nombreuses maisons.

*Texte* : En tête : Desaing de la place Royal veue du costé du rampart.

*Coin gauche* : Boisseau, excu. Privil.

Nota : Il existe une répétition gravée de cette estampe, de la même époque, et de la même dimension ; le seule modification est un tracé de quatre gazons dans le terre-plein de la place avec, en tête, le texte suivant : « La place Royale commencée l'an 1604 par Henry quatrième et achevée sous Louis 13ᵉ en 1639 et sa statue fut misse au milieu, c'étoit auparavant l'hostel des Tournelles. »

Une autre répétition gravée, du même temps, sous les dimensions : 17 × 13, a aussi été faite en Allemagne ou en Hollande, mais sans le tracé des gazons dans le terre-plein. Dans le ciel, se trouve le texte suivant : « Der Plats Royal, von der feiten du Rampart. » Au-dessous : La Place Royale.

Il existe encore une petite répétition gravée, du temps, sans le tracé des gazons. Dimensions : 12 × 7 1/2, avec le texte suivant, en tête , « Desaing de la place Royalle, veue du costé du Rampart. »

### N° 21

*Gravure* : 35 × 23. *Époque* : Milieu du XVIIᵉ siècle.

La vue montre surtout la statue de Louis XIII se détachant sur un fond de pavillons inexactement reproduits. Des gens du peuple la contemplent. Des bornes sont autour du piédestal.

*Texte en haut* : Pourtrait de la statue à cheval, dressée en la place Royalle de Paris à l'éternelle mémoire du très vertueux Louis le Juste, Roy de France et de Navarre, auteur de la grandeur française.

*En bas* : Un long texte explique les vertus et les victoires de Louis XIII.

Nota : Cette gravure au trait, d'un dessin assez fruste, doit provenir d'un ouvrage du XVIIᵉ siècle ; la place Royale n'y est qu'un accessoire et c'est surtout la statue que l'on a voulu représenter.

**N° 22**

*Gravure à l'eau-forte* : 22 × 11. *Époque* : Milieu du XVII<sup>e</sup> siècle.

Cette planche montre le côté Ouest de face et les côtés Nord et Sud en perspective. Le côté Ouest a dix pavillons au lieu de neuf et ne montre pas le passage de la rue de l'Écharpe. La statue de Louis XIII regarde à gauche. La grille est d'un dessin imprécis. Des carrosses, cavaliers et gens de pied circulent dans le terre-plein. Aux deux extrémités du côté Ouest sont deux toits pointus qui n'existent pas dans la réalité.

La planche est entourée de rubans, de guirlandes et de volutes. Dans le grand motif décoratif du bas sont deux cornes d'abondance.

*Texte* : Dans le ciel : La place Royale.

NOTA : Pièce très rare d'Israël Silvestre, dite : *Aux Cornes d'abondance.*

**N° 23**

*Gravure à l'eau-forte* : 25 × 12. *Époque* : Milieu du XVII<sup>e</sup> siècle.

Cette vue montre le côté Ouest, de face, avec dix pavillons au lieu de neuf et sans le passage à ciel ouvert de la rue de l'Écharpe. Les côté Nord et Sud, en perspective, comprennent chacun neuf pavillons, avec ceux du Roi et de la Reine. La statue de Louis XIII regarde à gauche. La balustrade en bois est à sa place. Pas trace de gazon ni de jardin. Des groupes pittoresques de piétons et quelques cavaliers sont dans la chaussée ou sur le terre-plein. Dans les coins de gauche et de droite du côté Ouest sont deux toits pointus, plus hauts que ceux des pavillons et qui n'existent pas dans la réalité.

Les écus accolés de France et de Navarre sont dans le ciel, entourés des ordres de Saint-Michel et du Saint-Esprit et surmontés de la couronne royale, avec une banderolle portant ces mots : « La place Royale ».

Cette planche est d'Israël Silvestre. 1651.

*Texte* : « Livre de diverses veuës, perspectives et paysages faits sur le naturel. Dédiez au Roy par Israël avec privilège de sa Majesté. A Paris, chez Israël Henriot, rue de l'Arbre-Sec, au logis de M. Le Mercier, orfèvre de La Royne, proche la Croix du Tiroir. 1651. »

### N° 24

*Gravure* : 13 1/2 × 11. *Époque* : Milieu du xviiᵉ siècle.

La vue représente trois côtés de la place : le côté Ouest, de face ; les côtés Nord et Sud, en perspective, terminés par un pavillon évidé. La statue, de profil, regarde à gauche. Ni gazon, ni jardin. Le premier plan est sans pavillon et montre les barrières en bois, avec quelques personnages. Dans le ciel, les armes de France et de Navarre accolées. Au-dessous des écussons est le texte suivant : « Uytficht van de Koninglicke Plaatse ».

Nota : Cette planche est une interprétation de la gravure d'Israël Silvestre.

### N° 25

*Peinture* : 1 m. 13 × 0 m. 80. *Époque* : Milieu du xviiᵉ siècle.

La place Royale vers 1655, au moment du passage du Roi et de la Reine régente. Le tableau montre deux rangées seulement de pavillons, celle du Nord, avec le pavillon de la Reine, et celle de l'Ouest dans laquelle se voient, entre chacune des mansardes, de longues gouttières destinées à projeter l'eau sur la chaussée. C'est le seul dessin de la place que nous connaissions, montrant des appareils de ce genre. Entre la chaussée et le terre-plein sont des balustrades en bois peintes en vert. Dans un carrosse à six chevaux, entouré de cavaliers et de gens de pied, se tiennent le Roi et la Reine.

Nota : Ce tableau appartient au Musée Carnavalet et provient de la donation Amédée Berger.

Le cartouche est ainsi libellé : *La place Royale vers 1655. Passage du Roi et de la Reine régente.*

### N° 26

*Gravure* : 19 1/2 × 15. *Époque* : Milieu du xviiᵉ siècle.

De face, le côté Nord avec le pavillon de la Reine. Les côtés Est et Ouest en perspective. La statue regarde de face. Balustrade en bois autour de la place avec, au premier plan, une ouverture formée de cinq pieux fichés en terre pour empêcher les voitures de pénétrer dans le terre-plein. Nombreux personnages en costume du xviiᵉ siècle.

*Texte, coin gauche* : Locus Regius Parisiis. Pet. : Schenk exc. Amst.

*Coin droit* : De Koninglyke Plaets te Paris, cum ; privil.

### N° 27

*Gravure* : 38 1/2 × 32. *Époque* : Milieu du xvii⁰ siècle.

Au fond, quelques pavillons dessinés d'une façon fort incorrecte. Au premier plan, la statue de Louis XIII occupe toute la hauteur de la planche. A ses pieds, des personnages en costume du temps, hommes, femmes, bohémiens, bohémiennes et aussi des Turcs et Maures, sont dans l'attitude de l'admiration.

> *Texte* : L'on t'élève moins hault que tu n'as mérité ;
> La terre avecque nous combattit Alexandre :
> Elle se défendit, craignant sa cruauté,
> Mais sous un si bon prince, elle est preste à se rendre.

Une banderole, soutenue par un amour, porte encore :

A la gloire de Louis XIII, Roy de France et de Navarre, sur sa statue dressée en sa place Royalle, en l'année 1639.

*En bas* : M. Picart fecit, à Paris, chez M. Berey, au bout du pont Neuf, proche les Augustins. Avec privilège du Roy.

### N° 28

*Gravure* 39 × 27 1/2. *Époque* : milieu du xvii⁰ siècle.

Cette planche montre une perspective lointaine de la place Royale, dont un côté de face et quelques pavillons de deux autres côtés. Un carrousel imaginaire a lieu dans le terre-plein et les fenêtres regorgent de monde. Au loin se voient des collines et des moulins à vent de pure fantaisie. Au premier plan, un buste de Louis XIV, sur un piédestal, occupe toute la hauteur de la planche et forme le sujet principal alors que les pavillons ne sont qu'un décor accessoire.

*Dans le socle du buste*, est une banderole portant : *Ut vidi vici.*

*Dans le piédestal* : Courses de Testes et de bagues faittes par le Roy et par les princes et seigneurs de sa cour, en l'année 1662.

*Plus bas* : Ægio Rousselet sculp.

*Dans les degrés* du piédestal : A Paris, de l'Imprimerie Royale 1670.

Nota : Cette planche est le frontispice de l'ouvrage : Courses de testes et de bagues faites par le Roy et par les princes et sei gneurs de sa cour en l'année 1662. A Paris. Imprimerie Royale 1670.

On attribue le dessin de cette planche à Israël Silvestre.

### Nº 29

*Gravure à l'eau-forte* : 11 ✕ 7 1/2. *Époque* : Milieu du xviiᵉ siècle.

Cette vue montre le côté Ouest en entier et une très faible partie seulement des côtés Nord et Sud. Elle semble avoir été faite surtout pour la statue de Louis XIII qui se détache, comme en relief, sur l'ensemble, et regarde à gauche. Il n'y existe ni balustrade ni plantation ou gazon. Des cavaliers sont dans le terre-plein, des groupes de gens de pied semblent jouer aux dés sur les marches du monument, dans un arrangement pittoresque et en costumes du temps.

*Texte* : Dans le haut : « Place Royal ».

*Coin gauche* : S. D. Bella.

Nota : Un autre tirage de cette pièce porte, au bas, Israël, ex.

### Nº 30

*Gravure à l'eau-forte* : 43 1/2 ✕ 36. *Époque* : Milieu du xviiᵒ siècle.

La planche comporte un large encadrement formé d'armes et d'attributs de combats. Le motif central, dont les dimensions sont de 26 ✕ 16 1/2, est réservé à un tournoi imaginaire dans la place Royale. Au fond de ce motif sont des pavillons devant lesquels se dressent trois tribunes garnies de spectateurs. Le terre-plein est occupé par des cavaliers bardés de fer et en costumes de tournoi. Leurs rangs serrés sont formés méthodiquement et comme à la parade.

*Coin droit, en haut* : fol. 533.

Nota : Cette gravure anonyme appartient à l'ouvrage *Le Vray théâtre d'honneur de la chevalerie ou le Miroir héroïque de la noblesse par Marc Wilson de la Colombière*. 1648 T. I, p. 533.

### Nº 31

*Dessin original au crayon et à la plume* : 26 ✕ 16 1/2. *Époque* : Milieu du xviiᵉ siècle ?

Au fond sont des pavillons devant lesquels se dressent trois tribunes garnies de spectateurs. Le terre-plein est occupé par des cavaliers en costumes de tournoi, rangés méthodiquement et comme à la parade.

Nota : Ce dessin, attribué à Lepautre, fait partie de la collection Destailleur. T. VI. N° 1067 du Catalogue. (Bibliothèque Nationale–Estampes). Il n'est autre qu'une copie de la gravure ci-dessus relatée, de l'ouvrage de Wilson de la Colombière, comme il est dit au n° 30.

### N° 32

*Gravure* 28 × 17 1/2. *Époque* : milieu du xvii<sup>e</sup> siècle.

La vue représente le côté Ouest de face, les côtés Nord et Sud en perspective. La statue regarde à gauche. Balustrades en bois. Le côté Ouest compte dix pavillons au lieu de neuf. On ne voit pas l'ouverture de la rue de l'Écharpe. Deux toits pointus, plus hauts que les autres, aux deux extrémités du côté Ouest, n'existent pas dans la réalité.

Cette planche, qui est une interprétation de la gravure d'Israël Silvestre, moins les nombreux personnages de cette dernière, a été gravée par *Mérian* pour la *topographia Galliae*, de Zeiller (Math.) à Francfort-sur-le-Mein, en 1655-1661.

Dans le ciel, sont les armes de France et de Navrrre ; au-dessous des écussons, le texte suivant : « Prosp. des Plats Royal. Prosp. Campi. Regy. »

### N° 33

*Gravure* : 27 × 17. *Époque* : Milieu du xvii<sup>e</sup> siècle.

La vue montre trois côtés : au fond, le côté Nord ; à droite, le côté Est ; à gauche, le côté Ouest. La statue de Louis XIII regarde de face. Une balustrade en bois règne autour de la place. Un grand nombre de cavaliers et de personnages à pied, en costume du xvii<sup>e</sup> siècle, circulent sur le terre-plein. Entre la balustrade et les pavillons se voit une chaussée dans laquelle passent des carrosses et des gens du peuple. Le côté Sud, ou du pavillon du Roi, n'est pas représenté. Pas trace de gazon ni d'arbres.

*Texte*, dans le bas :

« La place Royale de Paris, laquelle fut commencée l'an 1604 par l'ordre de Henry 4 et achevée quelque temps après. Son dessein estoit d'y loger des ouvriers et d'y établir des manufactures mais par je ne sçay quel changement, des particuliers s'y sont faits des logemens magnifiques. La statue de bronze de Louis 13 qui est au milieu est de Biar, et le cheval qui la porte est de Daniel de Volterre. Ils furent posez l'an 1639. A Paris chez N. Langlois, ruë Saint-Jacquè, à la Victoire. Avec privilège du Roy. PERÈLLE FECIT. »

Nota : Un autre tirage de cette gravure porte :

« A Paris, chez I. Mariette, rue Saint-Jacques, à la Victoire, avec privilège du Roy. »

### N° 34

*Gravure* : 17 1/2 × 12 1/2. *Époque* : Milieu du XVII<sup>e</sup> siècle.

Gravure très fruste pour laquelle le dessinateur a dû s'inspirer de la planche de Boisseau, indiquée plus haut sous le n° 20, rajeunie par la grille de style Louis XIV, mise à la place des balustrades en bois.

La vue représente les quatre côtés : Le côté Nord, de face, le côté Sud laisse voir les derrières de ses pavillons. Les côtés Est et Ouest, montrés en perspective, sont inexacts ayant un pavillon plus haut que les autres au milieu de la rangée. Le nombre des maisons n'est pas non plus conforme à la réalité. La rue de l'Écharpe n'est pas indiquée. La statue de Louis XIII regarde de face. La grille du XVII<sup>e</sup> siècle entoure une sorte de gazon parsemé de buissons.

*Texte* : « La Place Royale de Paris fut commencée en 1604 par l'ordre du Roy Henry 4, la statue de bronze est de Louis 13, elle fut finie en 1639. »

### N° 35

*Gravure* : 30 × 19. *Époque* : XVII<sup>e</sup> siècle.

Motif d'architecture à colonnade, bâtiments somptueux, verdures et grands arbres. Un sujet mythologique s'enlève dans le ciel.

*Texte* : La perspective dans la maison de M. le marquis de Dangeau. A Paris, chez M. Langlois, rue Saint-Jacques, à la Victoire, avec privilège du Roy.

Nota : L'Hôtel du marquis de Dangeau était, au XVII<sup>e</sup> siècle, le pavillon portant le n° 14 de la Place Royale. Il s'agit ici d'une décoration de ce luxueux logis.

2

**N° 36**

*Gravure* : 14 ✕ 10 : *Époque* : xvii<sup>e</sup> siècle.

La statue équestre de Louis XIII regarde à droite, sur un socle portant cette inscription :

**LOUIS XIII**

DE LA

PLACE ROYAILE

Au pied de ce socle, sont des personnages en costume du xvii<sup>e</sup> siècle, autour d'une boussole.

*Coin droit* : 165.

*En haut* : Liv. II *de la Trigonométrie*. Planche LXXV.

*En bas* : Liij.

**N° 37**

*Gravure* : 32 ✕ 21. *Époque* : Fin du xvii<sup>e</sup> siècle.

La vue montre le côté Nord de face, avec le pavillon de la Reine, et les côtés Est et Ouest en perspective. Le premier pavillon de chacun de ces deux côtés est évidé. C'est une des rares planches dans lesquelles le nombre des pavillons soit exact : la rangée Nord a ses neuf pavillons et un quart de pavillon à la rue de l'Écharpe; le côté Est a ses dix pavillons, y compris celui, fort visible, sur la rue du Pas-de-la-Mule ; le côté Ouest a ses neuf dont le dernier s'arrête à la coupée de la rue de l'Écharpe, très clairement indiquée; le côté Sud n'est pas représenté, mais le nombre des arcades est indiqué par des bases de colonnes dont le nombre correspond à neuf pavillons. On trouve donc les trente-sept pavillons. La statue de Louis XIII regarde de face. Grille de style Louis XIV. Dans le terre-plein, les volutes et les arabesques d'un jardin français avec quatre petits bassins aux quatre coins de la statue. Il s'agit, sans doute, d'un projet qui ne fut jamais exécuté.

En bas de cette planche est une bande représentant un paysage sans rapport avec la place.

*Texte* : « Plan et Élévation de tous les hostels de la Place Royalle avec le jardin comme il doit estre. Inventé et gravé par le Bouteux fils. A Paris chez N. Langlois, rue Saint-Jacques, à la Victoire, avec privilège du Roy. »

*Dans le ciel* est une banderole avec l'inscription suivante : La place Royalle avec le jardin comme il doit estre. »

**N° 38**

*Gravure* : 32 × 22 1/2. *Époque* : Commencement du xviiie siècle.

La figure représente trois côtés de la place : Nord, Est, Ouest. La statue regarde de face. Le terre-plein est planté de gazons coupés en losanges. Grille de style Louis XIV. Le pavillon de la rue du Pas-de-la-Mule est en place et l'ouverture de la rue de l'Écharpe est visible. Les arcades du côté Sud sont indiquées au bas par des points.

La gravure est entouré d'un encadrement simulé et gravé.

*Texte*, dans le ciel : La place Royale.

*Coin droit* : A Paris, chez le Sr de Fer. 1716.

**N° 39**

*Gravure* : 55 × 43. *Époque* : Commencement du xviiie siècle.

Cette gravure représente l'entrée de l'Ambassadeur de Perse à Paris : Au fond, le côté Nord avec le pavillon de la Reine. Les côtés Est et Ouest en perspective. La statue de Louis XIII regarde de face. Dans le terre-plein, des gazons coupés par des chemins. La grande grille de Louis XIV avec, de face, une porte principale dont les détails d'ornementation sont très visibles. Le dessin des pavillons est fruste et inexact. L'Ambassade, à cheval, semble faire le tour de la place. Elle est au premier plan, dans la chaussée pavée, entourée d'une foule de badauds que malmènent des exempts.

*Texte* : en tête : « L'Entrée de l'Ambassadeur de Perse à Paris, vue de la place Roialle, le 7 février 1715. »

**N° 40**

*Gravure* : 44 × 27. *Époque* : Commencement du xviiie siècle.

La planche montre trois côtés de la place : Le Nord, de face ; les côtés Est et Ouest, en perspective. Le pavillon du Pas-de-la Mule est en place. Le passage de la rue de l'Écharpe est indiqué suffisamment. Le nombre des maisons du côté Nord est exact ; également ceux de l'Est et de l'Ouest. Grille Louis XIV. Statue de face. Terre-plein de gazon coupé par une étoile de huit chemins.

*Texte* : Vue perspective de la place Royale.

*Coin droit* : N° quatorze.

Nota : Cette planche appartient à l'*Histoire de Paris*, par Michel Felibien. 1725. T. II, p. 126.

### N° 41

*Gravure* : 13 1/2 × 6. *Époque* : Commencement du XVIIIe siècle,
Le côté Nord se voit surtout et un peu des côtés Est et Ouest. La grille Louis XIV; la statue équestre au centre de quatre parterres de gazon, coupés par des chemins en croix de Saint-André avec ronds de gazon à l'intersection des croix.
*Texte* : Dans le ciel : La place Royale.
*Coin gauche* : du bas : P. F. Giffart, sc.
*Coin droit* : du haut : T. I, p. 406.

### N° 42

*Gravure* : 10 × 10. *Époque* : milieu du XVIIIe siècle.
Le plan de Turgot, dessiné par Bretez, montre la place Royale avec assez de précision et de détails pour qu'il puisse être considéré comme une image. Le côté Est est vu de face; il montre le pavillon de la rue du Pas-de-la-Mule mais il y indique onze pavillons au lieu de dix. Le côté Sud a bien ses neuf pavillons. Le côté Ouest en compte dix au lieu de neuf. Le côté Nord a exactement ses neuf. La statue regarde à droite. La grille de Louis XIV entoure le terre-plein planté de gazons coupés par une étoile de huit chemins.

Nota : Le plan de Turgot date de 1734-1739.

### N° 43

*Dessin original à la pierre noire* : 34 1/2 × 24. *Époque* : milieu du XVIIIe siècle.
A gauche et au fond, des pavillons en perspective sont à peine indiqués. De nombreux personnages, hommes et femmes, circulent autour de la statue.
*Texte* : Promenade nocturne à la place Royale.

Nota : Ce dessin, attribué à Gabriel de Saint-Aubin, 1748, fait partie de la collection Destailleur, T. VI. (Bibliothèque Nationale-Estampes) du Catalogue N° 1066.

### N° 44

*Gravure* : 45 × 21. *Époque* : Milieu du XVIIIe siècle.

Au fond, le côté Ouest; en perspective, les côtés Nord et Sud, jusqu'aux pavillons du Roi et de la Reine. Les architectures ont une grande précision ainsi que la statue et les grilles Louis XIV. Aux grandes portes de ces grilles sont installés des tourniquets ne permettant d'entrer qu'à une seule personne à la fois. Des pelouses de gazon coupées par des chemins en diagonale. Personnages en costume Louis XV, femmes et enfants dans le terre-plein. Voitures et charrettes sur la chaussée du côté Est. On voit à peine l'ouverture de la rue de l'Écharpe entre le côté Ouest et le côté Nord.

*Texte* : « Vue de la place Royalle, au milieu de laquelle est placée en bronze la figure équestre du Roy Louis XIII, chez Rigaud, rue Saint-Jacques, vis-à-vis la rue des Maturins, à Paris, 1752.

*Coin gauche* : J. Rigaud, Invenit et sculp. N° 4.

*Coin droit* : Avec privilège du Roy.

Nota : On trouve la reproduction de cette planche à la calchographie du Louvre, dans la série des Rigaud, sur $47 \times 21\ 1/2$.

Cette estampe a été gravée en Angleterre, dans les dimensions de $25 \times 18$. L'interprétation est mauvaise et d'une exécution inférieure. Elle porte comme texte : « The Royal Square at Paris With the equestrian statue of Lewis the 13th. in Brass. »

*Coin gauche* : J. Richaud, delin.

*Coin droit* : Bowles, sculp.

### N° 45

*Gravure* : $30\ 1/2 \times 20$. *Époque* : Milieu du xviii^e^ siècle.

Cette vue présente trois côtés : au fond, le côté Nord; à droite, le côté Est; à gauche, le côté Ouest. La statue de Louis XIII regarde de face. La grande grille de l'époque de Louis XIV entoure le terre-plein et est très précise au point de vue du dessin. De nombreux personnages et carrosses circulent dans les chaussées et le terre-plein. Une inexactitude se remarque dans les côtés Est et Ouest qui comportent, en leur milieu, deux pavillons plus hauts que les autres, qui n'existent pas dans la réalité, et semblables à ceux du Roi et de la Reine qui se trouvent au centre des côtés Nord et Sud. Pas trace de gazon ni de plantations. Une autre inexactitude commise par le dessinateur a été de ne mettre qu'un seul étage aux pavillons, au lieu de deux.

*Texte* : « Veuë et perspective de la place Royale à Paris. Le cardinal duc de Richelieu y a fait élever la statue de Louis XIII, Roy de France, en l'an 1639. *Fait par Aveline,* avec privilège du Roy. »

### N° 46

*Gravure* : 23 × 14 1/2. *Époque* : Milieu du xviii° siècle.

La vue montre trois côtés seulement de la place : Le côté Nord, de face, avec ses neuf pavillons. Les côtés Est et Ouest, en perspective et sans qu'on puisse compter le nombre des pavillons. Celui de la rue du Pas-de-la-Mule est en place et la rue de l'Écharpe est à ciel ouvert. Grille de Louis XIV, terre-plein gazonné coupé d'une étoile de huit chemins. La statue regarde de face. Les arcades des neuf pavillons du côté Sud sont indiquées au bas de la planche par des points.

*Texte* : Place Royale.

*Coin gauche* : Chaufournier, del.

*Coin droit* : Hérisset, sculp.

*En haut, à gauche* : Tom. II, p. 207.

Cette planche appartient à la *Description de Paris*, de Germain Brice. Édition 1752. T. II, p. 207.

Nota : Un tirage de cette même planche, porte, au lieu de Hérisset, sculp., le nom de : G. Scottin Major, sculp., et T. II, p. 62 au lieu de : T. II, p. 207.

On trouve cette même planche, en 21 × 13 1/2, dans la *Description de Paris*, de Piganiol de la Force. 1742, T. IV, p. 310, moins l'indication, au bas, des arcades par des points. Le texte est : « La Place Royale », coin droit, en haut, T. 4, p. 310.

Une autre édition de cette *Description de Paris*, possède aussi un semblable tirage, de même dimension et avec le même texte. Dans le coin gauche : Descr. de Paris. Dans le coin droit : T. IV, p. 426.

### N° 47

*Plan gravé* : 45 × 38. *Époque* : Milieu de xviii° siècle.

Ce plan donne l'indication géométrale de tous les pavillons avec la division des propriétés à cette époque, lesquelles comprenaient souvent plusieurs pavillons ou parties de pavillons. Le terre-plein de la place est divisé en huit parterres de gazons, séparés par quatre chemins en croix et par quatre chemins en diagonale.

Au centre, le piédestal de la statue. Le pavillon couvrant à cette date la rue du Pas-de-la-Mule, est indiqué, ainsi que la rue de l'Écharpe, qui est à ciel ouvert.

*En bas* : A Paris, chez Joubert, rue Dauphine.

*Texte* : Plan de la Place Royale, des Peristiles qui en forment l'enceinte et de la largeur des terreins qui l'environnent dans lesquels sont distribués différents hotels avec les noms des personnes qui y demeurent en 1752.

Une colonne donne l'indication des noms de ces personnes.

Nota : Appartient à l'*Architecture Française*, de Blondel, 1752. T. II, p. 144.

### Nº 48

*Gravure* : 44 ✕ 27. *Époque* : xviiie siècle.

Côté Nord vu de face, avec le pavillon de la Reine; côtés Est et Ouest, en perspective. La grille Louis XIV. Statue vue de face. On ne sent pas l'ouverture de la rue de l'Écharpe. Gazons coupés par une étoile de huit chemins.

*Texte*, dans le ciel : « Vue perspective de la place Royale, cette place fut bâtie en 1604 sous le règne de Henri IV, la statue équestre de Louis XIII qui est au milieu fut posée le 13 septembre 1639, le cheval est de Daniel de Volterre et la figure de Biard.

*En bas*, en marge : A Paris, chés F. Chéreau, ruë Saint-Jacques, Aux deux Piliers d'Or.

Nota : Cette planche semble être une interprétation de celle qui illustre l'*Histoire de Paris* de Felibien. Elle provient du Recueil des Monuments parisiens connu sous le nom de : *Recueil Chéreau*.

### Nº 49

*Gravure* : 13 ✕ 5. *Époque* : xviiie siècle.
La statue équestre de Louis XIII.
*Texte* : Statue équestre de Louis XIII.
*En haut* : 131.

### Nº 50

*Plan original au lavis* : 17 ✕ 17 1/2. *Époque* : xviiie siècle :
Les arcades des pavillons sont indiquées par des points. La rue

du Pas-de-la-Mule est montrée comme couverte et celle de l'Echarpe est à ciel ouvert. Le terre-plein est composé de gazons coupés par des chemins en diagonale.

Nota : Ce plan anonyme de la place Royale et de ses environs, fait partie de la collection Destailleur. T. VI, n° 1210 du catalogue. (Bibliothèque Nationale-Estampes.)

### N° 51

*Gravure* : 16 × 13. *Époque* : xviiie siècle.

Au fond, le côté Nord avec le pavillon de la Reine. Côtés Est et Ouest, en perspective. Statue de face. Grille monumentale Louis XIV, très précisée comme dessin. Les pavillons n'ont qu'un étage au lieu de deux, sauf le pavillon de la Reine qui est complet.

*Texte, dans le ciel* : La Place Royale.

### N° 52

*Gravure* : 10 × 9. *Époque* : xviiie siècle.

Frontispice ou cul-de-lampe, composé d'un cadre simulé et gravé orné de fleurs et de guirlandes de roses. Au centre, dans un ovale, la vue du côté Nord de la place Royale avec les côtés Est et Ouest en perspective. La statue de face et la grille monumentale.

*Texte* : Place Royale.

### N° 53

*Gravure* : 12 1/2 × 13 1/2. *Époque* : xviiie siècle.

Partie de jardin montrant trois portiques en treillage de petits bois, entourés de verdures. Au milieu, un bassin avec son jet d'eau; autour, des personnages en costume du xviiie siècle.

*Texte* : Salon rond des six portiques de treillage du jardin de M. le président Nicolay. Avec privilège du Roy. 183.

Nota : L'Hôtel de Nicolaï était, au xviiie siècle, formé de deux pavillons portant aujourd'hui les n°s 9 et 11. Il s'agit ici d'une décoration du jardin.

### N° 54

*Gravure* : 10 × 6 1/2. *Époque* : xviiie siècle.

Trois personnages causent sous un balcon de la place Royale, dont les pavillons s'aperçoivent, ainsi qu'un pilastre de la grille du xvii<sup>e</sup> siècle.

*Texte* : Un fragment de la scène XX : « Que veut donc dire tout ce tintamarre-là ? »

*En haut* : Le Retour imprévu. Tom. 3. Page 85.

Nota : Cette planche illustre une édition du xviii<sup>e</sup> siècle de la comédie de Regnard : *Le Retour imprévu*. Il n'est pas question, d'ailleurs, de la place Royale dans cette comédie. Il s'agit donc d'une simple fantaisie du dessinateur.

### N° 55

*Gravure* : format in-8. *Époque* : xviii<sup>e</sup> siècle.

La pièce représente l'une des portes monumentales de la grille Louis XIV, agrémentée du globe fleurdelisé coiffé de la couronne Royale. Dans le fond se voient trois pavillons dont les toits pointus se découpent sur le ciel. Au premier plan, des personnages sortent d'une arcade de structure inexacte et arrangée pour ménager la perspective de la place.

Nota : Cette planche illustre une édition du xviii<sup>e</sup> siècle de la comédie de Pierre Corneille intitulée : *la Place Royale*.

### N° 56

*Gravure* : 16 × 13. *Époque* : Fin du xviii<sup>e</sup> siècle.'

Cette planche montre trois côtés de la place : le Nord, de face ; les côtés Est et Ouest, incomplètement et en perspective. Les pavillons sont inexactement dessinés et dénombrés pour le côté Nord. Le passage de la rue de l'Écharpe ne se voit pas. Grille Louis XIV entourant le terre-plein gazonné avec ses chemins en étoile. La statue regarde de face. Au premier plan, des personnages se promènent en costumes qui semblent être d'époque Louis XV.

*Texte* : Dans le ciel : La Place Royale.

*Coin droit* : en haut, T. I. Page 326.

Nota : Cette planche appartient à l'ouvrage : *Curiosités de Paris, de Versailles, Marly, Vincennes, S<sup>t</sup>-Cloud et des environs,* par M. L. R. (M. Le Rouge) 1771. T. I. p. 326.

**N° 57**

*Vue d'optique* : coloriée, 42 × 25 1/2. *Epoque* : Fin du xviiie siècle.

La planche représente le côté Nord et la moitié des côtés Est et Ouest. Le dessin de la grille Louis XIV est très arrêté. La statue regarde de face. Personnages en costume Louis XV. Les pavillons n'ont qu'un étage au lieu de deux, ce qui semble indiquer que la gravure d'Aveline, citée plus haut, a dû servir de modèle.

*Texte* : « 117e La Place Royale à Paris. Et présentement chez Basset, rue St-Jacques, au coin de celle des Mathurins. Il tient fabrique de papiers ».

*Coin gauche* : Présentement chez Lachaussée, rue St-Jacques.

*Coin droit* : A Paris, chez Daumont, rue St-Martin.

**N° 58**

*Vue d'optique* : coloriée, 44 × 24. *Epoque* : Fin du xviiie siècle.

Au fond, le côté Nord, qui n'a que sept pavillons dont celui de la Reine. Les côtés Est et Ouest, en perspective. La statue équestre de face. La grille Louis XIV. Le terre-plein de gazon est coupé par des chemins en diagonale. Le dessin est d'une inexactitude choquante.

*Texte* : La vue perspective de la place Royale à Paris où est posée la statue équestre de Louis XIII. A Paris chez Mondhare, rue St-Jacques. à l'Hôtel Saumur.

**N° 59**

*Gravure ovale en couleur* : 25 × 20. *Epoque* : Fin du xviiie siècle.

Au fond, le côté Ouest, dix pavillons, les côtés Nord et Sud en perspective, avec les pavillons du Roi et de la Reine. La statue regarde à droite. Gazons coupés par des chemins en diagonale. Grille Louis XIV.

*Texte* : Vue de la place Royale. Grandeur de 9 pouces 9 lignes sur 7 pouces. 9 lig.

*Au bord de l'ovale* : Durand del. Janinet, sculp.

*Au bas* : A Paris, chez Esnauts et Rapilly, rue Saint-Jacques à la Ville de Coutances. Av. Priv. du Roi. N° 13.

## N° 60

*Gravure* : ronde en couleur, de 10 1/2 de diamètre. *Epoque* :
Fin du xviiiᵉ siècle.

Cette gravure montre le côté Est, de face, et les deux côtés
Nord et Sud en perspective, avec, chacun, le pavillon royal. La
statue de Louis XIII regarde à droite ; grille Louis XIV. Rangées d'arbres autour de la grille, à l'intérieur. Les deux toits
pointus situés aux deux encoignures, reproduits par beaucoup
de dessinateurs, après Silvestre, y figurent encore sans aucune
raison d'être. Carrosses, cavaliers, piétons, modes de 1780.

*Texte* : Vue de la place Royale et de la statue équestre de
Louis XIII, élevée en 1639.

A Paris, chez les Campion frères, rue Saint-Jacques, à la
Ville de Rouen, N° 8, avec Priv. du Roi.

*Des deux côtés du cercle* : Sergent, del., Guyot, sculp.

## N° 61

*Gravure* : 10 × 7 1/2. *Epoque* : Fin du xviiiᵉ siècle.

Cette planche représente la destruction de la statue de
Louis XIII pendant la Révolution. Les pavillons de la place
sont d'un dessin incohérent. Sur la croupe du cheval de Daniel
de Volterre, un patriote armé d'une masse brise la statue royale.
Au pied, des matériaux et des débris. Dans la place, une foule
est rassemblée. Le cheval regarde à droite.

*Texte* : « Le XI Août 1792. Les parisiens reprennent une
mesure qu'ils avoient eu tort de ne pas mettre à exécution le
20 juin 1791. Ils abbatirent sur le Pont Neuf la statue d'Henry IV
et celle de Louis XIII à la place ci-devant royale. »

*En haut* : Place Royale, N° 161. p. 240.

Nota : Cette gravure appartient à l'ouvrage : *Les Révolu-*
*tions*, de Prudhomme.

## N° 62

*Dessin original en couleur* : 41 × 24. *Époque* : Fin du
xviiiᵉ siècle.

Projet de décoration pour la Place Royale. Une colonne tra-
jane repose sur un socle décoré de faisceaux de licteurs et de
génies ailés portant des couronnes. La colonne est surmontée
d'un vase de forme antique ayant l'aspect d'une urne funéraire.

Au fond, un côté de la place avec neuf pavillons et, en perspective, deux autres côtés. Rangées d'arbres autour des grilles.

*Le cartouche porte* : Projet de monument pour la Place Royale, 1793.

NOTA : Ce dessin appartient au Musée Carnavalet.

### N° 63

*Gravure* : 27 × 19. *Epoque* : Fin du xviiie siècle.

Projet de décoration pour la Place Royale. Le terre-plein devenait circulaire par l'aménagement de quatre quarts de cercle tracés dans les quatre coins du carré. Ces parties devaient être garnies de fleurs et de verdures. Au milieu du cercle, un monument comprenant deux époux drapés à l'antique, qui se tiennent enlacés et portent sur leurs épaules un joug enguirlandé de fleurs. Aux quatre coins du piédestal, quatre lampadaires. Dans le socle, l'amour ; autour de la frise, diverses scènes de l'hyménée.

*Texte* : Monument consacré à l'hymen, allégorie de l'indivisibilité, demandée par le gouvernement, l'an IVe, et proposée par Détournelle et Caraffe, Allais, sc., pl. 18.

### N° 64

*Dessin original lavé à la bistre* : 8 × 5 1/2. *Epoque* : Commencement du xixe siècle.

La vue montre un côté de la Place avec un pavillon royal. Le grand bassin central avec fontaine jaillissante au milieu d'un massif de hauts arbres. Rangée d'arbres autour des grilles.

NOTA : Ce dessin, attribué à Civeton, fait partie de la collection Destailleur. T. VI, n° 1069 du catalogue. (Bibliothèque Nationale. — Estampes).

### N° 65

*Gravure* : 41 × 25. *Epoque* : Commencement du xixe siècle.

La planche représente la place avec le grand bassin octogonal du milieu duquel s'élance une haute gerbe et des jets d'eau. De grands arbres entourent la fontaine ; un rideau d'arbres, rigoureusement taillé, fait le tour des grilles à l'intérieur ; quelques peupliers et des arbustes poussent sur différents points. Le terre-plein est gazonné et coupé par deux larges chemins en croix, du Nord au Sud, de l'est à l'Ouest, avec, au centre, le bassin. Des couples de vieillards, bourgeois du Marais, se promènent dans le costume de 1815 à 1818.

*Texte* : Vue de la Place Royale. Dessiné par Courvoisier. Gravé par Aveline. A Paris chez Basset, rue Saint-Jacques n° 64. Déposé au bureau des Estampes.

### N° 66

*Gravure en couleur* : 25 × 19. *Epoque* : Commencement du xixᵉ siècle.

Sous les arbres de la Place Royale, à travers lesquels s'aperçoivent les arcades, un vieillard est assis sur un banc. A côté, un valétudinaire, coiffé d'un bonnet de coton et habillé d'une robe de chambre, se promène au bras d'une garde-malade. Non loin de là, un vieillard lascif entoure de ses bras une jeune bonne d'enfant, costumes de la Restauration.

*En haut* : Caricature parisienne.

*Texte* : Veillée de la Place Royale.

*En bas* : A Paris, chez Martinet, rue du Coq. 14 et 15.

### N° 67

*Gravure* : 8 × 5 1/2. *Epoque* : Commencement du xixᵉ siècle.

Cette vue montre l'un des côtés seulement avec un pavillon royal. Le grand bassin central avec la gerbe et le jet d'eau au centre d'un massif de grands arbres. La double rangée d'arbres bordant la grille s'aperçoit au fond.

*Texte* : Place Royale.

*En bas* : Hedoin delinᵗ. Duran sculpᵗ.

*En haut* : N° 95.

### N° 68

*Gravure* : 12 × 6. *Epoque* : Commencement du xixᵉ siècle.

Au fond, la rangée ouest avec neuf pavillons et le passage de la rue des Francs-Bourgeois. Perspective des côtés Nord et Sud. Au premier plan, la grille du xviiᵉ siècle; dans le milieu du terre-plein, le bassin octogonal et son jet d'eau; ni arbres ni gazon.

### N° 69

*Gravure* : 25 × 17 1/2. *Epoque* : Commencement du xixᵉ siècle.

Planche d'architecture représentant le bassin octogonal de la

Place des Vosges avec son jet d'eau, et le plan du terre-plein montrant l'emplacement du bassin central et des quatre petites fontaines.

*Texte* : Bassin de la Place des Vosges. Pl. 5g.

*Coin droit* : Moisy, sculp[t].

*Coin gauche* : Girard, inv[t] et direx[t].

Nota : Appartient à l'ouvrage intitulé : *Les Fontaines de Paris*, par Moisy. 1812.

### N° 70

*Gravure* : 15 × 10. *Epoque* : Commencement du xixe siècle.

En tête, un côté de la place avec dix pavillons et un pavillon royal sur une ligne unique. Au-dessous, un plan géométral de la Place dont les pavillons sont indiqués par des points. Au centre, le bassin octogonal entouré des chemins et des gazons.

*Texte* : Place Royale.

*Coin droit* : London direx[t].

*En haut* : Tome 2e.

### N° 71

*Gravure* : 28 × 19. *Epoque* : Commencement du xixe siècle.

Projet de Fontaine pour la Place des Vosges. Huit ou dix lions crachent de l'eau dans un bassin et soutiennent, de leur échine, une vasque à pans au milieu de laquelle se dresse une fontaine formée de deux cascades. Les ornements sont de style maure.

*Texte* : Projet de Fontaine arabe pour la Place des Vosges.

*Coin gauche* : Hebert del.

*Coin droit* : Piringer sculp[t].

Nota : C'est la planche IX d'un Recueil d'Architecture. Il s'agissait d'un projet de fontaine conçu par le comte A. De la Borde, chef du service des ponts et chaussées du département de Seine.

### N° 72

*Gravure* : 11 1/2 × 7 1/2. *Epoque* : Commencement du xixe siècle.

La vue représente le côté ouest, de face; les côtés nord et sud, en perspective. La percée de la rue des Francs Bourgeois est visible. Grille Louis XIV encore en place. Grand bassin octogonal et jet d'eau. Pas d'arbres.

*Texte* : Place Royale.

### N° 73

*Gravure* : 9 1/2 × 5 1/2. *Epoque* : Commencement du xixᵉ siècle.

Cette planche montre trois côtés de la place et un pavillon royal. Au centre une couronne de grands arbres; ni statue, ni bassin. La grille Louis XIV au premier plan avec la bordure d'arbres.

*Texte* : Place des Vosges, ci-dᵗ Royale.

*Sur le côté* : Tom. VI. Page 66. Pl. 103.

Nota : Cette pièce appartient au *Miroir historique, politique et critique de l'ancien et du nouveau Paris*, par L. Prudhomme. 3ᵉ édition. Tome VI. Paris 1807.

### N° 74

*Gravure* : 9 × 12. *Epoque* : Commencement du xixᵉ siècle.

Sous une voûte, avec refends et bossages, se voient le grand bassin central et les jets d'eau entourés d'arbres. Au fond, un pavillon Royal et deux demi-pavillons. La grille de style Louis XIV est ouverte comme pour montrer le bassin. Personnages en costume de 1810.

*Texte* : Jets d'eau de la place des Vosges.

*En haut* : N° 17.

Nota : Cette pièce se rencontre quelquefois en couleur.

### N° 75

*Gravure aqua-tinte* : 25 × 16 1/2. *Epoque* : Commencement du xixᵉ siècle.

Le côté Est de la place est représenté de face, avec 10 pavillons au lieu de neuf; en perspective, les côtés Nord et Sud avec les pavillons du Roi et de la Reine. On retrouve les deux toits pointus déjà signalés ailleurs et qui n'ont jamais existé. La grille d'époque Louis XIV et des chemins en losange dans le terre-plein. Le piédestal et la statue n'existent plus dans cette planche.

*Texte* : Vue de la place des Vosges ci-devant Royale, près le boulevard Saint-Antoine, a Paris, chez Esnault, Mᵈ d'Estampes,

boulev. Montmartre, terrasse Frascati, n° 7, près de la rue Richelieu. Dep. à la Bibl. Imp.

*Coin gauche* : Durand del.

*Coin droit* : Janinet, sculp<sup>t</sup>.

NOTA : Cette gravure provient de l'album des Édifices de Paris,
connu sous le nom d'*album Janinet*.

### N° 76

*Gravure* : 9 1/2 ✕ 6. *Epoque* : Commencement du XIX<sup>e</sup> siècle.

Au fond et à droite, une perspective de pavillons; à gauche,
de grands arbres en perspective et un coin de grille. Statue
équestre de Louis XIII. Personnages en costumes de la Restauration.

*Texte* : Vue de la Place Royale.

*En haut* : T. V. Histoire de Paris. Pl. 44.

*En bas* : Civeton del. Couché fils direc<sup>t</sup>.

NOTA : On rencontre aussi cette même planche sous le format
11 1/2 ✕ 7 1/2, avec, en plus, la mention : Beyer sculp<sup>t</sup>.

### N° 77

*Gravure* : 8 1/2 ✕ 6 1/2. *Epoque* : Commencement du
XIX<sup>e</sup> siècle.

La statue équestre regardant à 'droite, se détache sur un fond
de cinq pavillons, le tout finement gravé et dessiné. Grille
Louis XIV; chemins en losanges aboutissant au socle. Le sujet
est enfermé dans un cadre simulé et gravé.

*Texte* : Statue équestre de Louis XIII.

*Coin droit, en bas* : Martinet.

NOTA : Cette planche provient de l'ouvrage de Béquillet, illustré par Martinet.

### N° 78

*Gravure* : 9 ✕ 7. *Epoque* : Commencement du XIX<sup>e</sup> siècle.

Cette vue représente le côté Nord, de face; les côtés Est et
Ouest en perspective. Grille Louis XIV. La statue au centre de
gazons coupés par des chemins en diagonale. Carrosses et personnages. Pas d'arbres.

Le sujet est entouré d'un cadre simulé et gravé.

*Texte en tête* : Place Royale. Pl. XIII, pg. 82.

*En bas* : Dessiné et gravé par Martinet.

Nota : Cette gravure appartient à l'ouvrage de Béquillet, T. I, illustré par Martinet.

### N° 79

*Dessin original mine de plomb* : 24 × 17. *Époque* : Commencement du xix<sup>e</sup> siècle.

Le dessous des arcades de la maison de Victor Hugo, à la place Royale. Le n° 6 est marqué sur le piédroit de la porte cochère. Le fond de l'arcade est occupé par une échoppe de marchande de légumes.

*En bas*, dans le dessin : 26 septembre 1824.

Nota : Ce dessin appartient au Musée Carnavalet.

### N° 80

*Gravure à la manière noire :* 23 × 13. *Époque* : Commencement du xix<sup>e</sup> siècle.

Cette planche montre de face le côté Ouest et, en perspective, les côtés Nord et Sud. Rien du côté Est. La statue regarde à gauche. Ni arbres ni plantations. La grille de Louis XIV. Le côté Ouest est inexact, comptant dix pavillons au lieu de neuf et ne montrant pas l'ouverture de la rue des Francs-Bourgeois. Costumes de l'époque de 1815. Deux toits pointus, aux deux extrémités du côté Ouest, n'existent pas dans la réalité.

*Texte* : Vue de la place Royale.

*En haut* : 221.

Nota : Cette gravure appartient à l'Atlas du *Tableau de Paris*, de J. B. de Saint-Victor, 1827. Dans certains recueils, cette planche a été coloriée et porte le n° 124.

### N° 81

*Dessin original à la mine de plomb* : 27 × 17. *Époque* : xix<sup>e</sup> siècle.

Au fond, un côté de la place, avec un pavillon royal. Au premier plan, l'une des quatre fontaines ; plus loin, une autre. Massif central d'arbres au centre avec rangée d'arbres au pourtour.

Nota : Ce dessin anonyme fait partie de la Collection Destailleur. T. VI, n° 1072 du catalogue. (Bibliothèque Nationale. Estampes.)

**N° 82**

*Gravure* : 14 × 8, *Époque* : 1830.

Cette planche montre un coin de la place, avec l'un des hauts pavillons du Roi ou de la Reine. Une guérite en face de ce pavillon; l'une des quatre fontaines d'encoignure. La double rangée d'arbres du tour de la place. Le devant du pavillon royal est dépourvu de grille. Le dessin des combles est inexact et non symétrique.

*Texte* : Place Royale. A. Pugin. Inv$^t$. del$^t$. A. Pugin, direx$^t$. Starling, sc. London Robert Jennings et William Chaplin, Cheapside, avril 15, 1830.

**N° 83**

*Gravure* : 10 × 7 1/2. *Époque* : 1834.

Cette petite vue représente le côté Sud et une partie du côté Ouest. Au premier plan est une allée d'arbres, pas trace de grille. Au milieu de la place, la statue équestre est entourée d'une barrière et sans arbres.

*Texte* : La Place Royale.

*Coin gauche* : Ferdinand, Dir$^{it}$.

Nota : Cette planche appartient à l'*Histoire de Paris* de Touchard-Lafosse, 1834. T. 4, p. 362.

**N° 84**

*Lithographie* : 14 × 10. *Époque* : 1838.

Vue du côté Ouest, de face; les côtés Nord et Sud en perspective. La statue équestre regarde à gauche, dans un massif d'arbres. Il y a aussi des arbres autour de la grille. Au premier plan, à gauche, un chantier de tailleurs de pierres. Nombre inexact des pavillons du côté Ouest. On ne voit pas l'ouverture de la rue des Francs-Bourgeois.

*Texte* : Place Royale.

*Marge de tête* : Paris historique.

*Coin gauche* : Regnier, del.

*Coin droit* : Champin, lith.

Nota : Provient du *Paris historique* de Ch. Nodier, 1838.

**N° 85**

*Gravure* : 15 1/2 × 10 1/2, *Époque* : Première moitié du XIX$^e$ siècle.

Au fond, le côté Est avec neuf pavillons. Les côtés Nord e
Sud en perspective jusqu'aux pavillons du Roi et de la Reine.
La statue équestre regarde à droite, dans un massif d'arbres.
Les quatre fontaines sont en place. Rangées d'arbres autour des
grilles qui semblent être celles posées sous le règne de Louis-Phi-
lippe. Des ouvriers attachent une draperie à cette grille, au
premier plan. Dans la chaussée, un marchand de coco avec une
fontaine d'un modèle curieux.

*Texte* : Place Royale.

*Coin gauche* : Rouargue frères, del. et scu.

*Coin droit* : Lesauvage. Imp. R. de Sorbonne, 4.

*Au bas* : Publié par Jayier à Blois.

### N° 86

*Lithographie ton jaune* : 19 ✕ 13. *Époque* : 1840.

La vue représente surtout le massif central d'arbres avec la
statue de Louis XIII regardant à droite.

De chaque côté se voient deux ou trois pavillons. Au premier
plan est une fontaine jaillissante entourée d'une grille. Promeneurs et bonnes d'enfants.

*Texte* : La Place Royale.

*En tête* : Paris Daguerréotypé n° 60.

*Coin gauche* : Imp. d'Aubert et Cᵉ. Provost, lith.

*Coin droit* : Chez Aubert, Place de la Bourse.

Nota : Cette pièce appartient à l'ouvrage : *Paris et ses environs
reproduit par le Daguerréotype*, publié sous la Direction de
M. Ch. Philippe, Paris, Aubert, 1840.

### N° 87

*Lithographie ton jaune* : 20 1/2 ✕ 15. *Époque* : milieu du
XIXᵉ siècle.

Au fond, le côté Sud, avec le pavillon du Roi et, en perspective, les côtés Est et Ouest. Au centre, un massif d'arbres dans
lequel apparaît la statue équestre. Au premier plan, une fontaine ; rangées d'arbres autour des grilles. Dans le terre-plein se
dresse un peuplier entouré d'une grille, sans doute l'arbre de
la liberté planté en 1848. Au-dessus de la rangée Sud, se voient,
à droite, l'église Saint-Paul-Saint-Louis, et, à gauche, le temple
de Sainte-Marie.

*Texte* : Place des Vosges, ancienne Place Royale. Paris. Seb. Avanzo, édit., quai des Augustins, 55.

*Coin gauche* : J. Arnout del et lith.

*Coin droit* : Imp. Lemercier, à Paris.

Nota : On rencontre souvent cette planche mise en couleur et au vernis.

### N° 88

*Gravure sur bois* : 10 × 6. *Époque* : Vers 1840.

Vue de trois côtés de la place. Statue dans le massif central ; arbres au pourtour.

*Coin gauche* : Champin.

*Coin droit* : Quartley.

### N° 89

*Gravure sur bois* : 10 × 8 1/2. *Époque* : Vers 1840.

Vue du côté Nord et de la moitié des côtés Est et Ouest. On remarque le passage de la rue des Francs-Bourgeois. Statue dans le massif d'arbres, grille au premier plan.

*Texte* : Place Royale.

*Coin gauche* : Coppin.

*Coin droit* : Trichon.

### N° 90

*Gravure sur bois* : Format in-4°. *Époque* : 1844.

De ridicules bourgeois se promènent dans la place Royale avec leurs épouses.

*Texte* :

— Eh bien ! Radiguet, comment va la santé ?

— Monsieur Ramachard, vous voyez un homme anéanti. J'ai encore perdu hier seize sous au piquet !

Nota : Caricature de Bouchot, parue dans le *Charivari* du 18 octobre 1844.

### N° 91

*Gravure sur bois* : 15 × 12. *Époque* : 1844.

Cette planche représente un pavillon royal flanqué de deux autres pavillons. Les détails d'architecture sont traités avec une grande perfection et pourraient servir de type pour la symétrie.

*Texte* : (Pavillon principal de la place Royale, commencée
sous Henri IV et terminée sous Louis XIII).
*Coin gauche* : Best, Leloir, H. R.

### N° 92

*Gravure sur bois* : 8 1/2 × 6 1/2. *Époque* : Vers 1845.
Cette petite vue représente deux côtés de la place avec la sta-
tue dans le massif d'arbres et une fontaine au premier plan.
*Texte* : Place Royale.
*Coin gauche* : A. Clerget.

### N° 93

*Gravure sur bois* : 9 × 4. *Époque* : 1852.
Vue de trois côtés de la place dont le pignon de la rue du
Pas-de-la-Mule sur la gauche. A droite, la grille.
*Texte* : Place des Vosges; dessin de Champin.

Nota : Appartient à l'*Histoire de Paris*, de Théophile Lavallée,
1852.

### N° 94

*Gravure sur bois* : 10 × 8. *Époque* : 1855.
Un pavillon royal et trois autres pavillons se voient d'une tri-
bune dans laquelle plusieurs seigneurs et dames regardent le
camp des Chevaliers de la Gloire.
*Texte* : Le Palais de la Félicité.
*Coin gauche* : Jules David.
*Coin droit* : A. Pollet.

Nota : Appartient à l'ouvrage : *Paris chez soi*, 1855, p. 149.

### N° 95

*Gravure sur bois* : 19 × 5 et 10. *Époque* : 1855.
Frontispice représentant une partie d'arcade de la place
Royale sous laquelle on voit la statue équestre de Louis XIII.
*Coin gauche* : Célestin Nanteuil, del.

Nota : Ce frontispice a été fait pour un article de Jules Janin
sur la place Royale, dans *Paris chez soi*, 1855, p. 145.

### N° 96

*Gravure* : 17 1/2 × 12. *Époque* : 1855.

Modèle, au trait, de l'une des fontaines actuelles de la place Royale.

*Texte* : Fontaines de la place Royale.

*Coin droit* : Normand fils, sc.

Nota : Provient de l'ouvrage intitulé : *Fontaines de Paris*, nouvelle édition, par Moisy, Normand et autres, 1855, planche n° 44.

### N° 97

*Gravure sur bois* : 6 1/2 × 5. *Époque* : 1855.

Vue de trois côtés de la place, arbres, fontaines jaillissantes ; au premier plan, un tailleur de pierre au travail.

*Texte* : Place Royale.

*Coin gauche* : Champin.

### N° 98

*Gravure sur bois* : 8 1/2 × 5 1/2. *Époque* : Vers 1855.

Vue de deux côtés de la place ; statue dans le massif central, arbres au pourtour ; fontaine au premier plan. Au fond, perspective de monuments de Paris.

*Texte* : Place Royale.

*Coin gauche* : Lancelot.

*Coin droit* : Laly.

### N° 99

*Gravure sur bois* : 15 × 12. *Époque* : 1860.

Planche dessinée par Gustave Doré, représentant un groupe de vieux bourgeois lisant les journaux, assis sur des bancs, autour de la statue de Louis XIII.

*Texte* : La Place Royale.

Nota : Cette gravure appartient au : *Nouveau Paris*, par Émile de Labédollière. 1860, p. 56.

### N° 100

*Lithographie* : 36 × 25. *Époque* : 1861.

Cette planche montre le côté Sud avec le pavillon du Roi et les côtés Est et Ouest en perspective. La statue regarde le fond et est entourée de grands arbres formant corbeille autour d'elle. Une double rangée d'arbres fait le tour du terre-plein, en dedans des grilles. Trois fontaines, sur les quatre, s'y remarquent distinctement. Dans le lointain, la colonne de la Bastille et le Dôme de la Visitation, aujourd'hui temple protestant.

*Texte* : Place Royale. Nantes, lith. Charpentier, éditeur, Paris, quai des Augustins, 55. Félix Benoist del. Eug. Cicéri et Fichot, lith. Fig. par A. Bayot.

Nota : Cette planche appartient à la publication : *Paris dans sa splendeur*. 1861.

### N° 101

*Gravure sur bois* : 8 × 6 1/2. *Époque* : 1862.
La vue représente le côté Est de face et les côtés Nord et Sud, en perspective. Sur le devant se développe la grille moderne. La statue, entourée d'arbres, regarde à droite.
*Texte* : Place Royale.

Nota : Appartient à l'ouvrage : *Paris-Album*, 1862.

### N° 102

*Gravure* : 27 × 20. *Époque* : milieu du xixᵉ siècle.
Plafond moderne de l'École préparatoire de la place des Vosges. Encoignure montrant des amours, des aigles, des guirlandes et des fleurs.

Nota : Appartient à l'*Encyclopédie d'Architecture*, 12ᵉ année. N° 9. Une mention indique que la décoration représentée date du xixᵉ siècle.

### N° 103

*Gravure à l'eau-forte* : 20 × 13. *Époque* : 1862-1863.
La vue représente la moitié du côté Sud de la Place, avec, comme point de départ, le pavillon du Roi. Une partie du terre-plein montre la rangée d'arbres autour de la grille et une fontaine.
*Texte* : Autour de cette gravure sont indiqués les demeures célèbres, les hôtels, les rues principales du 8ᵉ arrondissement, dans lequel se trouvait alors la place Royale.

Nota : Appartient à l'*Ancien Paris*. Recueil des Eaux-fortes de Martial et Potémont, Paris. 1862-1863.
Une autre planche semblable a, comme dimensions, 14 × 8.

### N° 104

*Gravure sur bois* : 14 × 8. *Époque* : 1867.

Deux côtés de la place avec un pavillon royal et, au milieu, la statue équestre dans le grand massif d'arbres. Deux fontaines au premier plan. Promeneurs.

*Texte* : La Place Royale. Dessinée par Delaunay, gravée par Sotain.

*Coin gauche* : Delaunay.

*Coin droit* : Sotain.

Nota : Cette planche appartient à : *Paris-Guide*, : 1867. T. I, p. 1321.

### N° 105

*Gravure sur bois* : 22 × 15. *Époque* : 1871.

Des soldats se chauffent à un feu de bivouac établi dans la place Royale. Les faisceaux sont formés, des sentinelles veillent autour de pièces de canon. Les pavillons se voient en perspective, avec les fontaines et la statue équestre.

*Texte* : Paris, nuit du 28 février. Les gardes nationaux gardent les canons amenés place des Vosges, hors de la portée de l'ennemi. D'après nature, par M. Lançon.

*Coin droit* : F. Moller, sculp.

### N° 106

*Gravure sur bois* : 15 × 13 1/2. *Époque* : 1880.

Promenade de gentilshommes et de dames de la Cour dans le terre-plein de la place Royale, sous les arbres. Au fond se voient les arcades.

*Texte* : La foule avide et brillante se pressait à la place Royale.

*Coin gauche* : H. Linton.

*Coin droit* : Gerlier.

Nota : Appartient à l'ouvrage : *Paris à travers les siècles*, de Gourdon de Genouillac, 1880. T. II. p. 205.

### N° 107

*Gravure sur bois* : 15 1/2 × 11 1/2. *Époque* : vers 1880.

Vue d'un coin de la place comprenant un pavillon royal et un pavillon à gauche. A droite, une fontaine dans un massif d'arbres, avec un kiosque et des becs de gaz, entourés d'un grillage à hauteur d'appui. Autre fontaine à gauche.

*Texte* : Place Royale.

*Coin gauche* : A. Debar.

*Coin droit* : Alf. et Herington.

### N° 108

*Gravure sur bois* : 13 1/2 × 8. *Époque* : 1881.

Vue de la maison de Victor Hugo, en hiver. Arbres dénudés, fontaine, banc sur lequel est assis un homme.

*Coin* : Vignal.

Nota : Appartient à l'*Univers Illustré* du 26 février 1881.

### N° 109

*Gravure sur bois* : 14 × 10. *Époque* : 1881.

La maison de Victor Hugo, dans l'encoignure gauche de la place. Le fameux balcon, tant contesté, règne devant les quatre fenêtres du 2ᵉ étage, en saillie sur la façade.

*Texte* : Maison habitée par Victor Hugo, place Royale.

*Coin gauche* : A. Clerget.

Nota : Appartient à l'ouvrage de M. Alfred Barbou : *Victor Hugo et son temps*. Paris, Charpentier, 1881, p. 205.

### N° 110

*Gravures sur bois* : 16 1/2 × 12 1/2. *Époque* : 1881.

Vue du salon de Victor Hugo, place des Vosges, n° 6, 2ᵐᵉ étage. Les trois fenêtres descendent jusqu'au parquet, la cheminée, le dais célèbre.

*Texte* : Le salon de la place Royale.

*Coin droit* : A. Clerget.

Nota : Appartient à l'ouvrage de M. Alfred Barbou : *Victor Hugo et son temps*. Paris, Charpentier, 1881. P. 205.

### N° 111

*Reproduction d'un dessin* : 17 × 10. *Epoque* : 1884.

La maison de Victor Hugo avec la vue intentionnelle du fameux balcon du 2ᵉ étage. Grands arbres placés dans ce dessin pour le point de vue décoratif.

*Coin* : Fraipont

*Texte* : La maison de la place Royale n° 6 (1832-1848).

Nota : Appartient au : *Livre d'or de Victor Hugo*, par M. Blémont. 1884, p. 20.

### N° 112

*Reproduction d'un dessin* : 13 ✕ 10. *Époque* : 1884.
Le salon de Victor Hugo dans sa maison de la place Royale.
Fauteuils, cheminée, fenêtres, dais et coussins.
*Coin* : Fraipont.
*Texte* : Le salon place Royale.

NOTA : Appartient au : *Livre d'or de Victor Hugo*, par M. Blémont, 1884, p. 49.

### N° 113

*Reproduction d'un dessin* : 17 ✕ 13. *Époque* : 1889.
La vue représente un coin de la place des Vosges montrant le pavillon occupé par la synagogue avec son clocheton, une fontaine et le massif d'arbres du milieu.
*Texte* : Le jardin de la place des Vosges.
*Coin gauche* : P. Nac.

NOTA : Appartient à l'ouvrage : *Paris*, d'Aug. Vitu. 1889. p. 416.

### N° 114

*Reproduction d'un dessin* : 16 ✕ 12. *Époque* : 1889.
Le dessous des arcades de la place des Vosges.
*Coin gauche* : P. Nac.
*Coin droit* : Petit. sc.

NOTA : Appartient à l'ouvrage : *Paris* de M. Aug. Vitu. 1889, p. 413.

### N° 115

*Reproduction d'un dessin* : 17 ✕ 10 1/2. *Époque* : 1889.
Le pavillon du Roi, vu de la rue de Birague.
*Texte* : Rue de Birague, conduisant à la place des Vosges.
*Coin droit* : P. Nac.

NOTA : Appartient à l'ouvrage : *Paris*, de M. Aug. Vitu. 1889, p. 377.

### N° 116.

*Reproduction d'un dessin* : 8 1/2 ✕ 6. *Époque* : 1889.
La statue de Louis XIII entourée de quelques arbres.

*Texte* : Statue de Louis XIII, au centre de la place des Vosges.
*Coin droit* : P. Nac.

Nota : Appartient à l'ouvrage : *Paris*, de M. Aug. Vitu. 1889,
p. 414.

### N° 117

*Photogravure* : 10 × 7. *Époque* : 1890.
Vue du côté Nord de la Place des Vosges avec l'échappée
de la rue des Francs-Bourgeois.
*Texte*, : Une façade de la Place Royale.

Nota : Appartient à la publication : *Paris-Atlas*, de M. Fer-
nand Bournon. Paris, 1890, p. 39.

### N° 118

*Photogravure* : 10 × 7. *Époque* : 1890.
Vue de deux côtés de la place des Vosges, des grands arbres
du milieu et de la statue équestre de Louis XIII.
*Texte* : Square de la Place des Vosges.

Nota : Appartient à la publication : *Paris-Atlas*, de M. Fer-
nand Bournon. Paris, 1890, p. 39.

### N° 119

*Reproduction d'un dessin* : 14 × 10 1/2. *Époque* : 1891.
Le pavillon de la Place Royale dans lequel naquit M$^{me}$ de
Sévigné.
*Texte* : Maison natale de M$^{me}$ de Sévigné, 11 *bis*, rue de
Birague, Façade sur la Place des Vosges.
*Coin gauche* : Lansyer.

Nota : Appartient au Recueil des Inscriptions parisiennes
publié par les soins de la Ville, texte de M. Paul Levayer. 1891,
p. 50.

### N° 120

*Photogravure* : 11 × 17. *Époque* : 1898.
Vue du pavillon du Roi, du côté de la rue de Birague.
*Texte* : Le pavillon du Roi donnant entrée à la Place Royale.
*Coin gauche* : Lemercier.

Nota : Appartient à *l'Art décoratif dans le Vieux Paris*,
par A. de Champeaux. 1898, p. 165.

**N° 121**

*Photogravure* : 12 × 8 1/2. *Époque* : 1898.
La vue représente un côté de la Place des Vosges qui doit être le côté Ouest (avant l'édification du chalet de nécessités) et une partie du côté Nord.
*Texte* : Place des Vosges, d'après une photographie communiquée par la Commission des Monuments historiques.

Nota : Appartient au Dictionnaire géographique et administratif de la France. *Paris*. Publication Paul Joanne, 1898, p. 333.

**N° 122**

*Photogravure* : 15 × 10. *Époque* : 1901.
La maison de Victor Hugo.
*Texte* : Maison qu'habita Victor Hugo place des Vosges et qui va être convertie en musée.
*Coin* : Cliché Coulon; gravure de Rousset.
Nota : Appartient à la *Revue hebdomadaire* du 6 juillet 1901.

**N° 123**

*Gravure sur bois* : 15 × 13. *Époque* : 1902.
La vue représente le coin gauche de la place dont trois pavillons seulement se voient à partir du 2ᵉ étage, cachés qu'ils sont par les arbres. Victor Hugo est monté sur une chaise, le bras étendu, dans un geste de déclamation. Autour de lui, des gens l'acclament. A côté, l'arbre de la liberté décoré de drapeaux.
*Texte* : Victor Hugo saluant l'arbre de la liberté planté le 2 mars 1848 devant sa maison, place des Vosges.
*Coin droit* : F. Meaulle.
*Coin gauche* : Fogel 92.
Nota : Cette planche appartient à *La Cité*, Bulletin du 4ᵉ arrondissement, n° 2, 1902, p. 79.

**N° 124**

*Photogravure* : 18 1/2 × 12 1/2. *Époque* : 1902.
Reproduction de l'escalier monumental de l'ancien hôtel de Villedeuil, actuellement place des Vosges n° 14.
*Texte* : Place des Vosges n° 14. Escalier de l'ancien hôtel de Villedeuil.

*Coin droit* : Godefroy, Photo. Paris.

Nota : Appartient au Procès-Verbal de la Commission du Vieux Paris du 18 décembre 1902.

### N° 125

*Photogravure* : 18 1/2 ✕ 12 1/2. *Époque* : 1902.
Reproduction de l'escalier monumental de l'ancien hôtel de Richelieu, place des Vosges n° 21.
*Texte* : Place des Vosges n° 21. Grand escalier de l'ancien hôtel de Richelieu.
*Coin droit* : F. Roux, Photo. Paris.

Nota : Appartient au Procès-Verbal de la Commission du Vieux Paris du 18 décembre 1902.

### N° 126

*Image en couleur* : 35 ✕ 26 1/2 : *Époque* : 1902.
Représente la maison de Victor Hugo avec un coin de grille et des illuminations. Une figure apparaît dans une projection. Foule au premier plan.
*Texte* : Le centenaire de Victor Hugo: Le génie de la Renommée descendant sur la maison du poète, place des Vosges.
*Coin gauche* : A. Crespin.
*Coin droit* : Andrieux.

Nota : Supplément illustré du *Petit Journal*, de mars 1902.

### N° 127

*Photogravure* 15 ✕ 11 : *Époque* : 1902.
Le Centenaire de Victor Hugo à la place des Vosges. L'estrade officielle. M. Duval-Arnould, Vice-Président du Conseil Municipal, prononce le discours de M. Dausset, Président, empêché. Sur l'estrade : MM. de Selves, préfet de la Seine, Adrien Veber, Pugliesi-Conti, Barillier, Archain, etc., conseillers municipaux.
Au fond, une perspective de pavillons.

### N° 128

*Photogravure* : 15 ✕ 11. *Époque* : 1902.
Le Centenaire de Victor Hugo à la place des Vosges. Vue du pavillon du Roi, des deux pavillons situés de chaque côté de la porte monumentale, construite pour la circonstance, et recouverte d'appareils d'éclairage électrique.

**N° 129**

*Photogravure* : 15 ✕ 11. *Époque* : 1902.
Le Centenaire de Victor Hugo à la place des Vosges. Vue du côté Nord, partie du côté Est et rue du Pas-de-la-Mule. On aperçoit les appareils pour l'éclairage électrique de la fête.

**N° 130**

*Photogravure* : 16 ✕ 13. *Époque* : 1902.
Le Centenaire de Victor Hugo à la place des Vosges. Les chœurs et les musiques sont groupés autour de la statue en plâtre de Victor Hugo, du sculpteur G. Bareau, installée, à l'occasion de la fête, en face de la maison du poète. Au fond, un côté des pavillons.
*Texte* : La cérémonie de la place des Vosges en l'honneur de Victor Hugo. (Phot. Gribayédoff.)
Nota : Appartient au *Monde Illustré* du 8 mars 1902.

**N° 131**

*Photogravure* : 16 ✕ 13. *Époque* : 1902.
Le Centenaire de Victor Hugo à la place des Vosges. Au fond, l'encoignure des côtés Est et Sud avec l'oriflamme devant la maison du poète. Dans le terre-plein, des chœurs de femmes et de jeunes gens sont groupés. Contre les grilles, des écrans lumineux portent les titres des ouvrages du Maître, parmi lesquels on lit : *L'art d'être grand'père*, *Les Orientales*.
*Texte* : Le chœur des jeunes filles. (Photo Gribayédoff.)
Nota : appartient au *Monde Illustré* du 8 mars 1902.

**N° 132**

*Photogravure* : 15 1/2 ✕ 8. *Époque* : 1902.
Le Centenaire de Victor Hugo à la place des Vosges. Un cortège d'enfants au milieu du monde officiel. Au fond, une perspective de pavillons.
*Texte* : Les enfants des Écoles de Paris portant des palmes et des fleurs. (Phot. Chusseau-Flavien.)
Nota : Appartient au *Monde Illustré* du 8 mars 1902.

**N° 133**

*Photogravure* : 8 1/2 ✕ 10 1/2. *Époque* : 1902.

Le Centenaire de Victor Hugo à la place des Vosges. Vue de la maison du poète.

Nota : Appartient au *Monde Illustré*, du 22 février 1902.

### N° 134

*Photogravure* : 10 × 8. *Époque* : 1902.
Le centenaire de Victor Hugo à la place des Vosges. Vue de la maison du poète.
*Texte* : La maison de la place des Vosges.
Nota : Appartient à *l'Illustration* du 22 février 1902.

### N° 135

*Reproduction d'un dessin* : 31 × 21 1/2. *Époque* : 1902.
Le centenaire de Victor Hugo à la place des Vosges. Vue de la statue de Victor Hugo, par M. Georges Bareau, au pied de laquelle des enfants jettent des palmes et des fleurs. Derrière, l'encoignure des côtés Est et Sud, avec une grande oriflamme devant la maison du Maître.
*Texte* : Dernière journée des fêtes du Centenaire de Victor Hugo, place des Vosges. Défilé des enfants des écoles de la Ville de Paris devant le Victor Hugo de Georges Bareau.
*Coin droit* : Geo Stoc.
Nota : Appartient à *l'Illustration* du 8 mars 1902.

### N° 136

*Carte d'invitation* : 21 × 15. *Époque* : 1902.
Carte d'invitation à la fête du Centenaire de Victor Hugo, place des Vosges, le 2 mars 1902. Au-dessus du texte, se profile le côté Sud de la place, qui va en s'estompant et qui commence par la maison de Victor Hugo.
*Gravée* : Par Devambez.

Nota : Cette invitation est reproduite dans le volume publié par la Ville de Paris, en 1903, à l'occasion du Centenaire de Victor Hugo.

### N° 137

*Photogravure* : 17 × 9. *Époque* : 1903.
La vue représente la place des Vosges embrasée, à la fin de la cérémonie du Centenaire de Victor Hugo, le 2 mars 1902.
Les façades du côté Sud et une partie de celles du côté Est

sont noyées d'une lumière intense, alors que le reste de la place et le ciel sont profondément noirs.

*D'après le cliché* de M. Gribayédoff.

Nota : Appartient au volume cité dans le n° 136 et au *Monde Illustré* du 8 mars 1902, sur 15 1/2 ✕ 8 de dimensions.

### N° 138

*Photogravure* : 16 ✕ 8 1/2. *Epoque* : 1903.

La vue représente le cortège officiel pénétrant sur la place des Vosges, le jour de la cérémonie de l'inauguration de la maison de Victor Hugo, le 2 mars 1902. On aperçoit six pavillons devant lesquels défile le monde officiel.

*D'après le cliché* de M. Chusseau-Flavien.

Nota : Appartient au volume cité dans le n° 136.

### N° 139

*Photogravure* : 17 ✕ 12. *Époque* : 1903.

La vue représente la maison de Victor Hugo, le jour de l'inauguration du 2 mars 1902. Dans l'encoignure de la place se dresse une barrière sur laquelle on lit : *Victor Hugo, de 1833 à 1848, habita dans cette maison, elle est désormais consacrée au Musée du poète sous le nom de Maison de Victor Hugo.*

*D'après le cliché* de M. Julien Petitot.

*Dans le coin gauche* : Perufort. Ph.

Nota : Appartient au volume cité dans le n° 136.

### N° 140

*Photogravure* : 16 ✕ 12. *Époque* : 1903.
Vue de la maison de Victor Hugo.

*Texte* : La maison de Victor Hugo (État actuel) place des Vosges.

Nota : Appartient à l'ouvrage : *La maison de Victor Hugo* par M. Arsène Alexandre. Paris, Hachette, 1903.

### N° 141

*Photogravure* : 15 ✕ 12. *Epoque* : 1903.
Vue de la galerie du premier étage de la maison de Victor Hugo.

*Texte* : La maison de Victor Hugo. Vue de la galerie du
1ᵉʳ étage.

Nota : Appartient à l'ouvrage cité dans le n° 140.

### N° 142

*Photogravure* : 15 × 12. *Époque* : 1903.
Vue de la salle du musée Victor Hugo contenant les meubles
de la chambre mortuaire de la maison de l'avenue d'Eylau.

*Texte* : La maison de Victor Hugo ; La chambre mortuaire.

Nota : Appartient à l'ouvrage cité dans le n° 140.

### N° 143

*Phototypie* : 15 × 11. *Époque* : 1904.
La maison de Victor Hugo, vue de face.

*Texte* : La maison de Victor Hugo, place des Vosges.

Nota : Appartient à l'ouvrage : *Visite à la maison de Victor
Hugo*, par M. Gustave Simon. Paris, 1904.

### N° 144

*Photogravure* : 13 1/2 × 10. *Époque* : Actuelle.
Le pavillon portant le n° 6 de la place.

*Texte* : Maison de la place des Vosges habitée par Victor
Hugo.

### N° 145

*Photogravure* : 13 × 10. *Époque* : Actuelle.
Vue de la maison de Victor Hugo.

*Texte* : Maison de Victor Hugo.

*Coin* : Phot. Marmand.

### N° 146

*Photogravure* : 10 × 7. *Époque* : Actuelle.
Le coin de la place dans lequel se trouve la maison de Victor
Hugo. Au premier plan, une fontaine et un gardien de la paix.

*Texte* : Place des Vosges.

### N° 147

*Gravure* : 54 × 35. *Époque* : Actuelle.
Dessin au trait d'un pavillon de la place des Vosges, avec tous
les détails les plus précis de l'architecture primitive.

*Texte* : en tête : Place de Vosges.

*Coin gauche* : J. Wuhrer, sc.

*Dans le dessin* : Dressé par le géomètre de la 2ᵉ Circonscription soussigné, Paris, le 17 février 1906, signé : Quano...

*Dans le dessin* : Vu, vérifié et certifié exact. Paris, le 19 février 1906. Le géomètre en chef, signé : Taxil.

Nota : La Direction des Services municipaux d'Architecture de la Ville a fait établir ce dessin, d'après le pavillon portant le n° 14 de la place, classé comme monument historique, et qui n'a jamais été touché. Cette planche aura pour but de servir de modèle comparatif, chaque fois qu'un propriétaire tentera d'apporter des modifications à la façade de son immeuble.

### OBSERVATION.

En arrêtant cette nomenclature de 147 numéros, nous croyons devoir faire remarquer que l'époque actuelle, surtout depuis les fêtes du Centenaire de Victor Hugo, a fourni un nombre presque illimité d'images de la place des Vosges et de la maison du poète, soit en cartes postales soit en photogravures.

En raison de leur production successive et continue, il est pour ainsi dire impossible de songer à les réunir et, par conséquent, à les mentionner.

LUCIEN LAMBEAU.

SAINT-DENIS

IMPRIMERIE H. BOUILLANT

20, RUE DE PARIS, 20

Succursale à Paris, 28, rue Serpente (Hôtel des Sociétés Savantes).

# L'ICONOGRAPHIE

## DE LA

# PLACE ROYALE

# L'ICONOGRAPHIE DE LA PLACE ROYALE

## *SUPPLÉMENT*

Nous avons publié en 1906 une *Iconographie de la Place Royale* composée de 147 numéros. Au cours de recherches et de travaux postérieurs à cette publication, d'autres reproductions ont été retrouvées que nous donnons ici à titre de supplément susceptible d'avoir une suite. Nous pensons, en effet, que le sujet n'est pas épuisé, et qu'il existe encore d'autres images de ce coin admirable de Paris, ayant pu échapper à nos investigations. Nous ne manquerons pas, dès que nous en aurons réuni un certain nombre, de les présenter également. Quelques-unes des pièces signalées ici appartiennent à la riche collection iconographique parisienne de M. Paul Blondel.

Lucien Lambeau.

### N° 148

*Gravure : 3 × 3. Époque : 1609.*
Vue cavalière de tous les pavillons de la place formant un carré fermé. La coupure de la rue de l'Écharpe n'est pas indiquée. Les pavillons du Roi et de la Reine sont de dimensions exagérées.
*Texte* : Place Royale.

Nota : Plan de Vassalieu dit de Nicolay, Paris en 1609. Exemplaire de l'atlas des anciens plans de Paris, publié par la Ville. (Réduction de 1/5.)

### N° 149

*Gravure : 3 × 3. Époque : 1609.*
Vue cavalière de tous les pavillons formant un carré fermé. La coupure de la rue de l'Écharpe n'est pas indiquée.
*Texte :* La Place Royale.

Nota : Plan de François Quesnel, Paris en 1609. Exemplaire de l'atlas des anciens plans de Paris, publié par la Ville.

### N° 150

*Gravure :* 3 1/2 × 2 1/2 *Époque :* 1615.

Vue cavalière des quatre côtés de la place, avec, très visibles, la coupure de la rue de l'Écharpe et le passage de la rue du Pas-de-la-Mule. Les pavillons sont nettement dessinés. Barrières en bois autour du terre-plein.

*Texte :* La Place Royale.

Nota : Plan de Mathieu Mérian, Paris en 1615. Exemplaire de l'atlas des anciens plans de Paris, publié par la Ville.

*N.-B.* Le plan de Melchior Tavernier, Paris en 1630, montre une place Royale exactement semblable à celle de Mathieu Mérian ci-dessus.

### N° 151

*Gravure :* 4 × 3 1/2. *Époque :* 1652.

Vue cavalière de la place. Les pavillons sont nettement dessinés. La coupure de la rue de l'Écharpe existe ; le pavillon de la rue du Pas-de-la-Mule est indiqué. La statue équestre regarde à droite, au milieu d'une étoile de chemins en diagonale. Barrières autour du terre-plein.

*Texte :* Place Royale.

Nota : Plan de Jacques Gomboust, Paris en 1652. Exemplaire de l'atlas des anciens plans de Paris, publié par la Ville. (Réduction de 1/4).

### N° 152

*Gravure :* 2 × 2. *Époque :* 1654.

Vue cavalière très fruste de la place, dont les pavillons ne sont indiqués que par leurs toits. On y voit pourtant la coupure de la rue de l'Écharpe. La statue équestre est indiquée, et aussi les barrières.

*Texte :* Place Royalle.

Nota : Plan de Jean Boisseau, Paris en 1654. Exemplaire de l'atlas des anciens plans de Paris, publié par la Ville. (Réduction de 1/4).

### N° 153

*Gravure :* 3 × 3. *Époque :* 1670-1676.

Vue cavalière très imparfaite, montrant néanmoins la coupure de la rue de l'Écharpe. Statue équestre et indication des balustrades autour du terre-plein.

*Texte :* Place Royale.

Nota : Plan de Bullet et Blondel, Paris en 1670-1676. Exemplaire de l'atlas des anciens plans de Paris, publié par la Ville. (Réduction du tiers.)

### N° 154

*Gravure :* 3 × 2 1/2. *Époque :* 1672.

Vue cavalière dans laquelle les pavillons sont nettement dessinés. On y voit l'ouverture de la rue de l'Écharpe et le pavillon de la rue du Pas-de-la-Mule. Statue équestre et indication des barrières.

*Texte :* Place Royalle.

Nota : Premier plan de Jouvin de Rochefort, Paris en 1672. Exemplaire de l'atlas des anciens plans de Paris, publié par la Ville. (Réduction de 1/4.)

### N° 155

*Gravure :* 5 1/2 × 3 1/2. *Époque :* 1694.

Vue du côté nord de la place avec le pavillon de la Reine et la perspective des côtés est et ouest. De face, la statue équestre.

*Texte, dans le ciel :* Place Royale.

Nota : Cette petite vignette fait partie du « plan de la ville de Paris, rues, places, enceintes et casernes, dressé sur les lieux et sur les mémoires de M. Jouvin de Rochefort, à Paris, chez N. de Fer, 1694. » Elle se trouve dans la dédicace du plan.

### N° 156

*Gravure :* 1 1/2 × 1 1/2. *Époque :* 1713.

Petite vue cavalière très fruste en raison de ses dimensions réduites. On y compte pourtant tous les pavillons, y compris celui de la rue du Pas-de-la-Mule. La coupure de la rue de l'Écharpe est visible. La statue équestre est au milieu d'une étoile de chemins en diagonale.

*Texte :* Place Royalle.

Nota : Plan de Bernard Jaillot, Paris en 1713. Exemplaire de l'atlas des anciens plans de Paris, publié par la Ville. (Réduction de 1/3).

**N° 157**

*Gravure* : 3 1/2 × 3 1/2. *Époque* : 1714.
Vue cavalière fort exacte. Pavillons bien dessinés. La rue de
l'Écharpe est à ciel ouvert et le pavillon de la rue du Pas-de-la-
Mule est en place. La statue regarde de face, au milieu d'une
étoile de chemins en diagonale.
*Texte* : Place Royale.

Nota : Plan de Jean de La Caille, Paris en 1714. Exemplaire
de l'atlas des anciens plans de Paris, publié par la Ville. (Réduction de 1/3).

**N° 158**

*Plan manuscrit* : 9×10. *Époque* : Paraissant dater de la fin
du xviii° siècle ?
Vue cavalière montrant le côté est, avec dix pavillons, y compris celui de la rue du Pas-de-la-Mule; le côté ouest, dix pavillons, avec les derrières des pavillons sur la rue de l'Égout. On
ne voit que les toits des deux autres côtés. Les maisons, exactement reproduites, sont lavées à l'encre de Chine grise et les toits
passés à la couleur bleue.
*Texte* : Place Royale.

Nota : Il s'agit d'une copie exécutée à la main et agrandie du
plan de Bullet et Blondel, faite à l'échelle de 300 toises. Le plan
de Bullet date de 1676, mais il est bien difficile de fixer une
date à cette copie, qui semble être du xviii° siècle. Le manuscrit
appartient à la Bibliothèque historique de la Ville.

**N° 159**

*Photogravure* : 17×10 1/2. *Époque* : Fin du xix° siècle.
Vue du pavillon du Roi dans la perspective de la rue de
Birague. Voitures à gauche et à droite, le long des trottoirs de
la rue.
*Coin droit* : P. Nac.
*Texte* : Rue de Birague, conduisant de la rue Saint-Antoine
à la place des Vosges, anciennement place Royale.

Nota : Appartient aux *Promenades à travers Paris*, par E. de
Menorval, May, éditeur.

### N° 160

*Peinture à l'huile* 80×80. *Époque* : 1889.

Dans la grande toile panoramique représentant : « La Bastille et ses environs en 1789 » qui se trouve dans l'escalier d'honneur de la Bibliothèque de la Ville, se voit la place Royale, fort exactement rendue et mesurant environ 80×80. La vue cavalière de la place montre, au premier plan, la rangée nord des pavillons. Le terre-plein est gazonné et coupé par une étoile de chemins.

Nota : Ce vaste tableau a été dessiné et peint par M. Hoffbauer.

### N° 161

*Peinture à l'huile* : 80×80. *Époque* : 1889.

Dans la grande toile panoramique, représentant : « La place de la Bastille et ses environs en 1889 », qui se trouve dans l'escalier d'honneur de la Bibliothèque historique de la Ville, se voit la place des Vosges fort exactement rendue et mesurant environ 80 centimètres de côté. La vue cavalière de la place montre, au premier plan, le côté nord des pavillons. Au milieu du terre-plein, la couronne des grands arbres, et autour de la grille, les rangées d'arbres en carré.

Nota : Ce tableau a été dessiné par M. E. Hochereau, géomètre en chef de la Ville et peint par M. E. Bourgeois.

### N° 162

*Gravure* : 13 1/2× 11. *Époque* : 1890.

Vue en perspective du côté ouest de la place. A gauche, rangée d'arbres et carrosses. Un groupe de personnages en costume du xviie siècle se dirige vers l'arcade située au coin de la rue de l'Écharpe, au-dessus de laquelle pend une enseigne portant ces mots : « J. Couderc, antiquaire, vend et achète tous objets anciens. » La boutique de l'antiquaire se voit sous les arcades. Au-dessus de celle-ci est écrit : « Aux balcons de fer. 1645 ». L'un des personnages, qui semble convier les autres à pénétrer dans la boutique, paraît être M. Couderc lui-même.

*Coin droit* : Le Bienfait.

Nota : Cette gravure est une tête de facture ou une étiquette provenant de la maison d'antiquités J. Couderc, 19, place des Vosges.

### N° 163

*Phototypie* : 12 1/2×7. *Époque* : 1901.
Vue, à travers une arcade formant cadre noir, du côté sud de la place et d'un pavillon du côté ouest.
*Texte* : Place Royale.

Nota : Appartient à la Revue : *Le Monde Moderne*; intitulé : *Maisons de Paris historiques et curieuses*. Année 1901. Tome XIII, p. 212.

### N° 164

*Phototypie* : 11×6 1/2. *Époque :* 1903.
La vue représente le pavillon du Roi, à mi-hauteur, et quelques toits des pavillons, à gauche.
Une tente décorée de drapeaux, d'oriflammes et de mâts. Foule compacte dans la place.
*Coin gauche* : Scap. sc.
*Texte* : Place des Vosges. La fête commémorative de Victor Hugo.

Nota : Appartient au *Monde illustré* du 18 juillet 1903.

### N° 165

*Phototypie* : 7 1/2 × 8 1/2. *Époque* : 1904.
La vue représente le côté ouest de la Place, avec un coin de la grille.
*Texte* : N° 17. Hôtel de la Place Royale (des Vosges) habité par Bossuet (1684).

Nota : Appartient à la brochure : *Bossuet à Paris, ses divers domiciles, la maison où il mourut*, par E. Levesque. (Extrait de la Revue Bossuet). Paris, de Soye, 1904.

### N 166

*Gravure* : 9×6. *Époque* : actuelle.
*Ex-libris* de M. J. Stirling, attaché aux travaux historiques de la ville de Paris.
Dans le coin droit de l'image, se trouve une petite vue ovale de la place des Vosges, avec une fontaine et une rangée d'arbres. L'autre coin est occupé par la cathédrale de Strasbourg.
*En bas* : Imp. Ch. Wittmann.

SAINT-DENIS. — IMPRIMERIE H. BOUILLANT, 20, RUE DE PARIS. — 17118.

9 782014 443011